テキスト社会調査

小林修一　久保田滋　西野理子　西澤晃彦　……編著

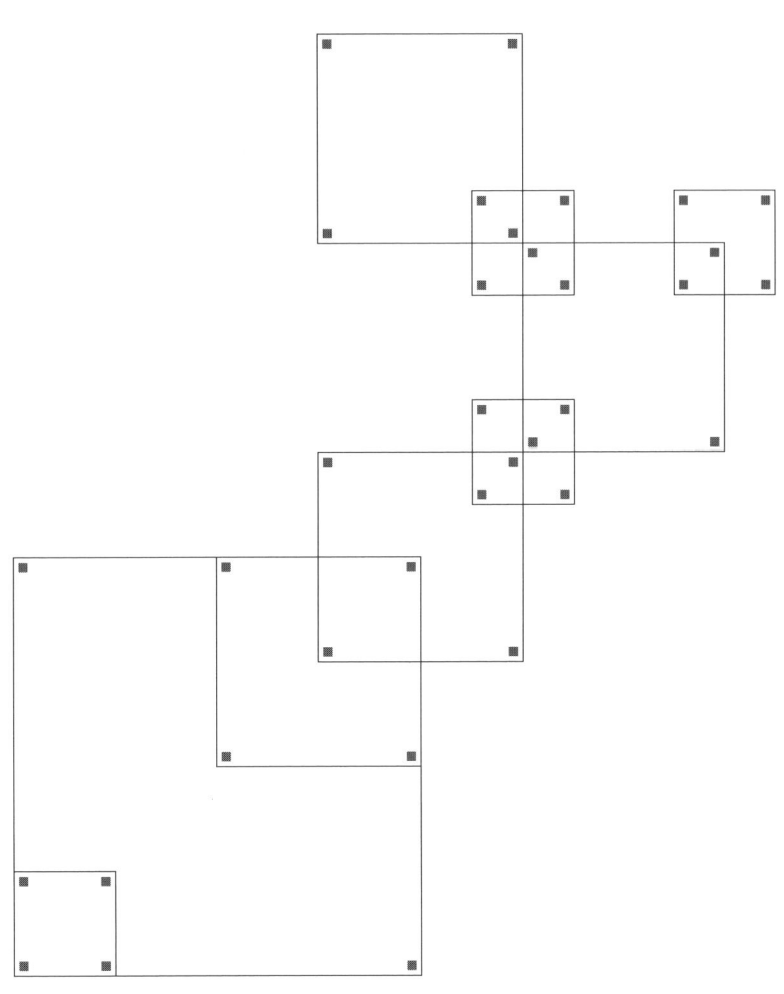

梓出版社

テキスト社会調査

目　　次

本書の使い方 …… 3

第Ⅰ部　「社会調査」って何？ …… 5
ガイダンス …… 6
1. 「社会調査」って何？　7
2. データとは　8
3. 調査の種類　10
4. 帰納・演繹・解釈　14
5. 社会調査の始まり　15
6. 社会調査の発展　16
7. 社会調査の今　17
8. 調査をする側・される側　19
9. 調査と現実　21
10. 社会学と調査　22

第Ⅱ部　社会を測る …… 29
ガイダンス …… 30
11. 仮説をたてる　31
12. 何を知ろうとするのか　32
13. 誰に調査するか　34
14. 標本調査とは　36
15. 標本の選び方　39
16. 調査方法の選び方　41
17. 調査票のつくり方　44
18. 質問文のつくり方　46
19. 選択肢のつくり方　48
20. 尺度のつくり方　50
21. 実査の手順　52
22. 面接調査の実際　54
23. 郵送調査の実際　56
24. エディティングとは　57
25. クリーニングとは　59
26. 調査票からデータへ　60
27. 回収率とは　62

第Ⅲ部　データを読み解く …… 63
ガイダンス …… 64
28. 離散変数と連続変数　65
29. 度数分布と記述統計　67
30. 変数の加工　69
31. クロス集計　71
32. カイ2乗検定　73
33. 統計的検定　75

34. エラボレーション　77
　　35. 平均の比較（2値の場合）　79
　　36. 平均の比較（3値以上の場合）　81
　　37. 相関関係と回帰分析　83
　　38. 重回帰分析　85
　　39. パス解析　88
　　40. 多変量解析入門　89
　　41. 因子分析　91
　　42. 報告書を作る　92

第Ⅳ部　意味を探る……………………………………………………93
　　ガイダンス……………………………………………………94
　　43. 質的調査とは何か　95
　　44. 観察する（見る）　96
　　45. インタビューをする　97
　　46. インタビューデータを読む　98
　　47. ドキュメント分析　99
　　48. 生活史　101
　　49. エスノグラフィー　102
　　50. ラポールを作る　103
　　51. 参与観察　104
　　52. 内容分析　105
　　53. 会話分析　108
　　54. 調査倫理という難問　111
　　55.「社会調査士資格」と社会的要請　112

あとがき
索　　引

テキスト社会調査

本書の使い方

　本書は，社会調査のノウハウをぎゅっと1冊にまとめた本である。社会調査にまつわる基本的な事項をわかりやすく簡潔にまとめている。巷にあふれる社会調査データを読み解く手がかりとして，あるいは，実際に社会調査を行うときのハンドブックとしてぜひ役立ててほしい。もちろん，調査方法論の授業のテキストや参考書として活用してもらってもいいし，社会調査士の資格取得の勉強にもぜひ役立ててほしい。

　2003年11月に社会調査士資格認定機構が発足し，2004年度から社会調査士の資格が取得できるようになった（**55**参照）。本書は，社会調査士資格の標準カリキュラムに対応したかたちで，4部構成で編纂している。

　第I部は，社会調査の理論編である。社会調査とは何か，またその基本的な種類や手法を説明し，社会調査の歴史や調査の問題点などを概説している。標準カリキュラムの「A．社会調査の基本的事項に関する科目」の内容をとりあげている。

　第II部は実践編である。アンケート調査を念頭に，調査の企画段階からデータを収集しおえる段階まで，詳しい方法について記述している。随所では，社会調査を実施する際のノウハウも紹介している。これは，標準カリキュラムの「B．調査設計と実施方法に関する科目」に対応している。また，「G．社会調査の実習に関する科目」にも即応しているので，調査実習に携帯して使ってもらえれば便利である。

　第III部はデータ分析編である。第II部では量的なデータを収集する段階に焦点をあてていたが，第III部ではその後に実践する分析を紹介している。得られたデータからどのようにして結果を読み取るのかを，ここで理解してもらいたい。具体的には，データの基礎的な集計の種類から基礎的統計を説明し，コンピュータ・ソフトを用いて行う多変量解析までその手法を紹介している。標準カリキュラムの「C．基本的な資料とデータの分析に関する科目」「D．社会調査に必要な統計学に関する科目」「E．量的データ解析の方法に関する科目」のうちの中心的な内容をとりあげている。単なるソフトの使い方ではなく，統計分析の基本的な考え方を中心に記述しているので，分析の面白さを知ってもらいたい

　そして第IV部は質的な方法を紹介している。「質的調査とは何か」からはじまって，具体的な研究のいくつかをとりあげて説明している。これは，標準カリキュラムの「F．質的な分析の方法に関する科目」にあたる。

　すべて，項目ごとにまとめられている。本書は最初のページから順に読んでいく必要はない。知りたい部分から読み始めてかまわないし，知りたいときに知りたい部分だけ読んでもいい。あるいは，巻末の索引をひいて，辞書のように使ってもらうのも有益だろう。とにかく手元において，何度でも何回でも開いてほしい。「あれ，なんだっけ」と思うたびに，必要な箇所を探して読んでもらいたい。

　社会調査方法論の本は山ほどある。詳細な説明も各種ある。本書は手軽に幅広く，社会調査のノウハウを取り込んでおり，入門書として，また，実践のハンドブックとして利用されることを願っている。

第Ⅰ部 「社会調査」って何？

ガイダンス

　近年は「社会調査」流行である。渋谷，新宿，池袋，道行くものを対象に，アンケートを装った類の「商い」は高齢者向けには今だ健在であるようだ。むろん，こうしたまがい物ではない，まっとうな調査（？）もまた私たちの生活に浸透してきている。つい先日も，家電製品や自然食品，サプリメントなどを購入して箱を開けると，「ご愛用者」向けの返信用はがきのアンケートが同封されていた。世の生真面目な主婦，高齢者の方々の中にはじっくり腰を落ち着けて回答する向きもあろう。いうまでもなく「顧客ニーズ調査」の典型である。同様に，こうした地域住民に対しては，市町村が数年おきに実施する「市民意識調査」や「市の婦人意識調査」「青少年の生活実態と意識調査」がある。また，当の地域に固有の出来事，例えば，ごみ処理場建設や駅前再開発，市営の駐車場問題，市町村合併などに関して随時実施される「社会調査」もあろう。こうして，地域，職場，学校などの生活領域において，さまざまな「社会調査」に出会うチャンスが増えている。

　こうした調査の蔓延が効を奏してか，近頃は生真面目な大学生ほど，「問題意識」に目覚めるや，いとも安易に「先生，この件についてアンケート調査をしてみたいのですが」とくる。確かに「社会調査」はある社会事象に対して，その実態や当事者の意識を解明することを通じて，問題解決をめざす「手法」の1つではある。だが，当の社会事象について，その歴史的背景や，当の事象に関する既存の蓄積された知識，情報の収集，それらに関して検討された既存の書物や論文の検索，そして，それらを通じて構築されるはずの「仮説」などの一切を省略して安易な結論をめざす学生が多い。彼らにすれば，「アンケート調査」は当の問題に対する，客観的な「数値」（データ）の形をとった「解答」にほかならない。現代人はこの手の「データ」に弱い。なかでも，徹底して「偏差値化」されたアイデンティティーを植え付けられている学生にとって，数値化された結果は黄門様の印籠に等しい威力を発揮する。だが，「数値化」によって，あたかも「客観性」を装う「偽情報」が氾濫しているこの社会的現実こそが問題なのである。したがって，「アンケート調査」によって数値化された解答を安易に指向するのは，二重の意味でゆがんだ「社会的現実」に貢献してしまうことになる。1つは，この「偽の現実」を構築するという点で。もう1つは，自ら生み出した「偽の現実」を信憑してしまうという点で。

　それでは，この問題となる「社会的現実」とは何か。かつて，社会学者のマッキーバーとランドバーグとの間に社会的現実とその認識をめぐる論争が交わされた。「風に吹かれて飛び交う紙切れ」と「群集に追われて逃げ惑う男」とを同位相で認識し得るか否かが争点となった。マッキーバーはこの現象の認識のためには男の恐怖心と群集の憎悪といった「主観的」要因の理解が不可欠であると主張した。これに対して，ランドバーグはそうした「主観的」要因の認識過程への挿入は認識の客観性を破綻させるものであると反論した。この両者の考えはそもそも双方の「社会的現実」観のみならず，社会的認識や方法論の違いを露呈している。ここでは，このどちらが正解であるかが問題ではない（この手の論争はさまざまな形で数世紀に渡って受け継がれてきている）。社会的現実とその認識（「社会調査」もまたその主要な認識手段の一つである）をめぐっては，このような哲学的，方法論的な原理上の諸問題が伏在しており，それを自覚しない認識手段の適応は往々にして今指摘した二重の「虚偽」の産出に対して責任を負うことが問題なのである。

　したがって，この第Ⅰ部では，こうした「社会調査」に関わる原理的な諸問題と，それを体現した調査の歴史，ならびに主要な社会学理論との関連について解説しておく。

1 「社会調査」って何？

社会調査とは何か

社会調査とは，①さまざまな社会事象について，②現地調査（フィールドワークないしフィールドサーベイ）によって，③科学的，技術的な方法を用いたデータを収集し，④その結果を整理，集計，分析ないし解釈することによって，⑤社会事象の背後にある法則性や因果性の発見を通じて，社会事象の解明をめざす過程である。

① ここで言う「社会事象」とは，人間個人や集団の行為や状態に関わり，くり返し出現する社会的な出来事を指す。それが一見純粋に個人的な出来事のように見える「自殺」のような場合でも，経済的不況の長期化に伴って中高年の自殺率が一定水準以上で推移するといった統計的事実は明らかに社会事象である。これに対して，水質汚染調査などは自然事象に関する調査であり，社会調査とはいえない。

② 社会調査は，その社会事象が出現する（した）現場において，その事象を構成している個人や集団を対象に直接的なデータ収集を行うものであるから，それらに関する既存の文献や統計資料を参照するだけの探索はこれに該当しない。

③ データ収集に際しての「科学的，技術的な方法」及び

④ データの「整理，集計，分析ないし解釈」が狭義の「調査方法」である。その詳細は本書の第Ⅱ部において紹介される。ここで言う「科学的」とは，とりあえず，概念間，変数間の「関係」の「強さ」ないし「恒常性」を実証的に測定することである。例えば，人々の「老後不安」の意識が，人々の「年齢」「収入」「居住地域」「学歴」「性別」などの他の変数との間に時間を超えた「恒常的」で「強い」関係を持つかどうかが実証的に測定されることになる。

⑤ そして，こうしたデータの科学的，技術的な処理の結果，そこから「老後不安」意識の原因となる要因ないし要因群を統計的に推定することが可能となるなら，この調査は問題の社会事象の解明に成功したということになる。

社会調査の意義

社会調査の意義については，それが単に**仮説**を検証し，理論を確認したり，反駁するといった受動的なものに留まらず，**理論**や**概念**を創出し，改変し，焦点付け，明確化するといった積極的な**機能**に注目したのは，マートンであった（**10**社会学と調査，R.K.マートン参照）。ここでは「社会調査を学ぶことの意義」について簡単に触れておく。その1つは，社会調査の方法を身につけ，自ら実施した調査結果にもとづいて社会事象の解明をめざすことは，他人やマスコミから提供される出来合いの事実や解釈を単に鵜呑みにするのとは異なって，自分自身の情報と知識にもとづいて，自らの判断を下すことで社会事象を意味づけ，解明するわけであるから，極めて自立的な社会理解を実現することになる。もう1つは，調査の学習を通じて，いわば「**調査リテラシー**」を身につけることによって，巷に氾濫する調査や統計の類に対する批判的な視点を打ち立てることができる点にある。例えば，「全国のパソコン普及率が20％というデータと，12-13％というデータがある。どちらが正しいのか」といった疑問が投げかけられる場合がある。実はどちらも正しいのである。数値の違いは調査対象の単位が世帯か個人かの違いにもとづくものである。パソコンの「世帯所有率」では，世帯の中の誰か1人でもパソコンを持っていれば「パソコン所有世帯」となって，個人所有率より高い数値になる。つまり，調査単位に関する知識の有無が混乱を回避する知恵となる。

（小

参考文献
渡辺久哲『調査データにだまされ
1998

2 データとは

　社会調査は社会で実際に起こっていること・ものをとらえるために実施される。しかしながら，社会の「生（なま）」の姿をそのまま取り出すことはできない。あくまで対象は，私たちが生きている生活のなかにあり，実験でそっくりそのまま再現することも不可能だからである（9参照）。われわれは社会調査を通じて，「現実世界」で生じていることをある事実として取り出してくる。その取り出す過程にあるのがデータである。換言すれば，われわれが，社会の中にある現実を反映しているものとして，なんらかの方法で取り出して収集する情報がデータである。社会調査では，データを収集し，その収集されたデータを通して「事実」を再構成し，現実の社会について考察していく。

　データを通して社会をよみとる以上，データが本当に現実の社会を照らし出しているかというデータの**妥当性** validity と**信頼性** reliability が重要となる。

妥当性とは

　妥当性は，調べようとするもの，測定しようとするものを実際に適切に調べている，測っているかどうかである。妥当性を評価するには3段階ある。第1に，概念の定義や測定法が優れていることを評価する表面的な妥当性 face validity を検討する。第2に，測定値間の相関係数や関連係数の高さを調べて既存の同種の測定と比較し，測定の基準に合致しているかを検討する（基準妥当性）。最後に，概念を含む仮説をテストする。そこで既存の測定によるテストより明確で優れた結果が得られれば，もっとも重要な構成妥当性が保障され。

信頼性とは

　信頼性は，調べたもの，測定したものが，偶然に左右されない確かなものかどうかである。いうまでもなく，捏造されたデータは信頼に耐えるものではない。また，同じ測定方法なのに1度目と2度目とで結果が変わってくるようでは，そのデータの信頼性は低い。

量的データと質的データ

　社会調査が量的な方法と質的な方法の2つに大別されることは次頁で述べる（3参照）。調査方法とは別に，データにも量的なものと質的なものとがある。方法における量／質の分類と，データにおける量／質の分類は対応しているわけではない。

　量的データと**質的データ**の分け方は，論者によって違いがあるので，以下の2つを理解しておこう。

　1つは，量的に分析処理されるデータを量的データ，そうできないデータを質的データとする分類方法である。インタビューの記録や参与観察の記録，文献や歴史資料，裁判所など公的機関の記録，日記等の個人的記録などは，後者の質的なデータにあたる。質的データは，データの作成された状況や文脈までたどってその内容や意味を吟味しなければならず，統計解析などの標準化した方法で誰もが同じように処理するわけにはいかない。それぞれに応じた解釈が必要になるという意味で，まさに質的（qualitative）である。

　一方で，一般的なアンケート形式の調査票で得られるデータは，統計処理される量的データである。ただしアンケートでも，対象者に自由に回答してもらう自由回答の部分のデータは，量的データとはいえず，質的データにあたる。量的な方法によって質的データを収集することがある。逆に，インタビューした内容を整理して変数にするなど，質的な方法によって量的なデータを収集することもありうる。

　もう1つの分類方法は，同じくデータ処理の観点からの分類であるが，統計処理の局面でわける

方法である。すなわち，長さ・重さ・金額など数量であらわされるものを量的データ，数量ではあらわされないものを質的データとする二分法である。年齢や就労時間数，消費金額など，連続的な数量として統計処理できるデータは量的データ，性別・賛否など2つ以上のカテゴリーのいずれかに分類しうるような質的な特性をあらわすデータ（カテゴリー・データまたはカテゴリカル・データ）が質的データである。量的データは連続変量，質的データは離散変量といってもよい（**28**参照）。

アンケート形式の調査票でいうと，下記のような，数量をそのまま回答する型のデータは数量データである。

通学・通勤に要する時間　　計 □ 分

下記のような，カテゴリー・データは質的データにあたる。

通学・通勤の主たる手段

① 徒歩	② 自転車	③ バイク
④ バス	⑤ 電車	⑥ その他

後者の量的／質的データの二分類は，定量／定性データと表現されることもある。

1次分析と2次分析

「事実」を浮かび上がらせるためには，自分で調査を実施してデータを収集するしか方法がないわけではない。すでにあるデータを利用する方法がある。すなわち，誰か他の人が実施した調査データや，誰かが行ったインタビューの記事，誰かが集めた資料を使って，その誰かとは別個に，独立した目的や関心のもとに分析，考察を行う方法である。これを「**2次分析** secondary analysis」という。

それに対し，自分で調査を実施するなどデータを収集して行う分析，すなわち，データを収集した者によって収集されたデータが読み解かれる過程が「**1次分析** primary analysis」である。データ収集者自身が，1次分析の後に再度分析を行う**再分析**もある。

かつては，データはそれをつくった者しか使うことができず，2次分析の道は閉ざされていた。しかしながら近年では，ひろく研究者らに提供される**公開データ**の整備が進み，公開データを提供する**データアーカイブ**が機能している。日本にも，SSJ（Social Science Japan Data Archive）をはじめとして，いくつかのデータアーカイブがある（2次分析ならびに公開データの詳細については，佐藤他，2000参照のこと）。

第一次資料と第二次資料

第一次資料と第二次資料という呼び方がある。文献資料の場合，公的機関や団体等の記録，日記・手紙など個人的文書，統計資料など，最初に記録されたかたちのものを第一次資料または「原資料」という。これを引用したり要約して作られるのが第二次資料または「派生資料」である。一方，統計データや調査データの場合，協力者も含めて分析者自身が収集したデータを第一次資料とよび，他者によって収集されたデータを第二次資料とよぶ。そして，第一次資料にもとづく分析が一次的分析，第二次資料にもとづく分析が二次的分析となる。

データアーカイブとは

データアーカイブとは，社会調査や各種統計の個票データ（個々の調査票に記入されたデータで，通常はクリーニングをすませたもの。マイクロデータ）を収集・保管し，その散逸を防ぐとともに，学術目的での二次的な利用のために提供する機関である。日本では，東京大学社会科学研究所附属日本社会研究情報センターにSSJデータアーカイブ（Social Science Japan Data Archive）があり，1998年4月からデータの収集ならびに提供を実施している（http://ssjda.iss.u-tokyo.ac.jp/about.html#top 参照）。

（西野）

参考文献

佐藤博樹・石田浩・池田謙一編『社会調査の公開データ』東京大学出版会，2000

3 調査の種類

量的と質的

社会調査の方法には，調査対象者の選び方に関わる「全体（悉皆）」か「部分（標本）」かといった分類と，データの処理方法に関わる分類とを挙げることができる。後者には量的，統計的手法（**定量的手法**）と，質的，記述的手法（**定性的手法**）とがある。

(1) 定量的手法

数量的に表わされたデータに対して，統計的な分析を加え，社会事象を数量的に記述する方法。量的な処理が可能となるよう，調査内容は標準化され，質問紙法を用いる。対象の全体に対して行われる場合（**悉皆＝全数調査**）と，対象を代表する**標本（サンプル）**に対して行われる場合があるが，いずれにしても，定型的で単純な内容の多数の局面に渡る調査結果を数量的に得ることがめざされる。

■ データが定型的であるため，多数のデータを安価に収集し，統計的処理の対象をそろえることができる。また手続きの再現性も高い。反面，広く浅く大量の対象に対して定型的な調査を行うため，内容の深い分析や包括的な考察にはむかない。

(2) 定性的手法

特殊な社会的体験をしている限定的な少数の調査対象者に対して実施される非定型的で複合的な内容に関する調査。対象者の体験にもとづくイメージやストーリーを非定型的な質問や観察によって引き出し，その社会的意味を調査者の主観を通して解釈し，普遍化する。

■ 量的調査に比べ，調査対象の総量自体は少ないが，対象に関する情報量が多く，多様なアプローチを可能にし，多元的，総合的な把握を可能にする。反面，分析や記述が主観的になりがちで，安易な一般化ができず，追試による再現が難しい。

方法の分類

ここでは技法による分類～観察法／面接法／質問紙法にしたがって，代表的な方法を挙げる。なお，それぞれの長所，短所については（表3-1）参照。

(1) 質問調査法（**16**参照）

調査対象者に口頭ないし文書や電話，電子メールで質問して調査する方法。また，同一の調査対象者に時間をあけてくり返し調査を行い，対象者の態度変容を調べる「パネル調査」などもふくむ。

> **パネル調査の事例――ピープルズ・チョイス**
>
> ラザースフェルト（P.F.Lazarsfeld）らによるパネル調査を用いて人々の態度決定を研究したもの。1940年にコロンビア大学応用社会調査研究所によるアメリカ大統領選挙の投票行動について実施された研究。大統領選挙期間中のマスメディアを中心としたキャンペーンを通して，ひとびとの投票行動，世論形成過程におけるマスメディアの影響力を調査した。この研究によって，オピニオン・リーダーの存在が明らかになり，「コミュニケーションの二段の流れ」仮説により，マスメディアの影響力の限定効果が提示された。
>
> この調査ではオハイオ州エリー郡を対象地区として，共和，民主両党の大統領候補決定直前の5月から11月の選挙終了後まで毎月1回，計7回の面接調査を行い，そのうち第一回目のグループ600人がパネルとして追跡調査を受け，マスメディアの影響による態度変容の研究が行われた。

1) 面接調査法（**22**参照）

調査員が対象者に面接し，あらかじめ用意していた調査票の質問を読み上げ，対象者の口頭による回答を調査員が調査票に記入する方法。

2) 配票調査法（留め置き調査法）

調査員が対象者を訪問し，調査票を預けてくる。

表 3-1　社会調査の諸方法の比較

比較基準＼調査法	面接調査法	配票調査法	郵送調査法	郵送回収調査法	託送調査法	集合調査法	電話調査法
調査への協力態勢	あった方がよい	あった方がよい	特に必要としない	あった方がよい	必要	学校や企業で実施する場合には必要	特に必要としない
複雑な内容の質問	可能	むずかしい	むずかしい	むずかしい	むずかしい	時間をかけて説明すると，可能	非常にむずかしい
質問の量	多くできる	ある程度多くできる	多くできない	ある程度多くできる	ある程度多くできる	ある程度多くできる	多くできない
回答内容のチェック	可能	ある程度可能	不可能	ある程度可能	不可能	不可能	可能
調査員の影響	大きい	ほとんどない	ない	ない	ほとんどない	ある。質問によっては大きい	大きい
回答者の疑問に対する説明の可能性	説明可能	調査票の配布・回収時に説明可能	電話などで問い合わせのあった時のみ説明可能	調査票の回収時に説明可能	電話などで問い合わせのあった時のみ説明可能	説明可能	説明可能
本人の回答の確認	可能	ある程度可能	不可能	ある程度可能	不可能	可能	ある程度可能
調査員以外の個人の影響	ほとんどない	あり得る（家族など）	あり得る（家族など）	あり得る（家族など）	あり得る（家族など）	あり得る（会場での発言者など）	あり得る（家族など）
プライバシーの保護	むずかしい（調査員に知られる）	回収時に回収用封筒などを利用して，ある程度可能	可能	回収時に回収用封筒などを利用して，ある程度可能	回収時に回収用封筒などを利用して，ある程度可能	可能	むずかしい（調査員に知られる）
調査票の回収率	高い	高い	低い	高い	高い	学校や企業で実施する場合，非常に高い	低い
調査の費用	大きい	大きい	小さい	ある程度大きい	小さい	学校や企業で実施する場合，小さい	小さい
調査に要する日数	集中的にすると，短い	長い	かなり長い	長い	長い	集中的にすると，短い	短い

（井上文夫・井上和子・小野能文・西垣悦代『よりよい社会調査をめざして』創元社，1995, p47 より作成して，一部加工）

対象者は質問紙を自ら読み，自ら回答を記入する（＝自記式）。後日調査員が回収に訪問する。記入のため一定期間調査票を留め置くので，留め置き調査法ともいう。「国勢調査」はこの方法による全国規模の全数調査である。

3） 郵送調査法（**28**参照）

調査対象者に調査票を郵送し，回答を記入後，返送してもらう手法。回収率を上げるため，往復のいずれかを調査員が訪問する方法（片道郵送法，郵送回収調査法）もある。

4） 託送調査法

既存の集団や組織を利用して調査票を配布し，後日回収する方法。学校や会社などで，生徒や社員に調査票を配布し，家に持ち帰って記入した後に，学校，会社に持参してもらい，回収する。

5） 集合調査法

ある場所に対象者に集合してもらい，そこで調査票を配布し，調査員による説明の後，その場で回答を記入してもらう方法。

6） 電話調査法

調査員が対象者の自宅に電話をかけて，対象者本人であることを確認した後，調査票を読み上げ，回答を調査員が記入する方法。

7） 電子調査法

コンピュータやネットワーク技術を利用して，調査員を使わず，郵便や電話も利用しないでデータを収集する方法。対象者自身が端末を利用して回答したり，電話調査で調査員がその場で回答を入力したり，会場や屋外にコンピュータ端末を持ち出したり，多様な手法がある。

(2) 観察法（**44**参照）

調査対象を直接，目や耳を用いて観察し，対象の本質や性質を捉えようとする方法。

1） 非参与的単純観察法

調査員が第三者的立場から対象を直接観察する方法。

■ 対象者の集団に入り込まないので，手順や時間が節約でき，冷静な観察ができる。他方，観察者は「よそもの」扱いされ，警戒心を抱かれ，観察が表面的になり，主観的な**バイアス**がかかりやすい。同時に，観察する行為自体が対象者に影響を及ぼすこともありうる。

2） 参与観察法（フィールドワーク）（**51**参照）

調査者が対象者を含む集団に，生活者として入り込み，生活を共にしながら，生活者の立場＝内側から対象者を観察する方法。

■ 第三者的立場では捉えられない集団の内部の状況が把握でき，外部に対して閉鎖的な特異な集団の調査が可能。他方，集団内部の対立，葛藤に巻き込まれて，観察者本来の視点を失い，主観的な観察に陥る危険を伴う。

参与観察法の事例
――ストリート・コーナー・ソサエティー

W.F.ホワイト（W.F.Whyte）が1935年から40年にかけてボストンのコーナヴィルと呼ばれるイタリア系移民のスラム街に住み込んで，そこの街角を縄張りとするドックという若者を通して参与観察にもとづくコミュニティー研究を行ったもの。当初はこのスラム街は組織化が欠如しているために犯罪や少年非行が多発すると考えられていたが，この地域には周囲の地域とは異なる社会組織化が存在することを発見し，若者たちの間の行動規範や集団形成，世代間対立，やくざと政治組織との関係などを生活者の文脈から解き明かした。

3） 統制的観察法

対象者や観察方法に一定の統制を加えて，客観的な観察を行おうとする方法。

■ 通常の生活行動に対して統制を加えることは難しいので，統制が可能な小集団や実験室で用いられる。その際，観察の対象となること以外は同じ条件にし，観察方法も標準化して行う。他方，こうした人為的な統制を加えることによる影響は排除できなくなる。

> **統制的観察法の事例──ホーソーン実験**
>
> 1927年から1932年にかけてアメリカ，シカゴ郊外のウェスタン・エレクトリック社のホーソーン工場において，メーヨーらが行った統制的実験。参加した工員たちは実験群と統制群とに分けられ，前者では照明の強さを変化させ，後者では照明の強さを一定にして作業が行われた。当初は照明の強さと作業能率との相関が予想されていたが，結果として予想が外れ，さらなる実験が企画された。さまざまな変数を統制しつつ，条件を整えて疲労度と作業能率の相関などの研究がなされたあげく，「人間的満足を重視する人事管理」といった実践的指針が導き出され，アメリカ産業社会学の出発点となった。
>
> 同時に，多様な条件群の統制の結果として，「実験という特殊な状況自体が実験結果に影響を与える」という，いわゆる「ホーソーン効果（Hawthorne effect）」が明らかにされた。

> **生活史法の事例──ヨーロッパとアメリカにおけるポーランド農民**
>
> トマス（W.I.Thomas）とズナニエッキ（F.Znaniecki）によって1918-1920年に公刊されたシカゴのポーランド系移民の社会的適応に関する経験的社会学研究。全5巻，2250頁にわたる報告書がある。
>
> とりわけ，ポーランド系農民の精神的，社会的，経済的，政治的生活を，手紙，自伝，新聞記事，裁判記録などの記録資料から抽出し，独自の経験的調査方法を導き出した。手紙に関しては，アメリカのポーランド移民と母国ポーランドにいる彼らの家族との間の個人的なもので，全762通あり，家族ごとに50組にまとめられている。後にこの研究を論評したH.ブルーマーによれば，「個人の経験を説明したものであり，それによって人間行為者として，また社会生活の参加者としての個人の行為が明確になる」という意味でヒューマン・ドキュメントとして評価された。この個人的ドキュメントの活用は後のシカゴ社会学の調査研究のモデルとなった。

(3) 面接法

面接法には，あらかじめ質問を準備し，面接を進める「指示的面接法」と，質問の大枠以外は面接者に任せる「非指示的面接法」がある。また，一対一の面接で対象者の意識，態度，行動の背景を解明しようとする「**深層面接法（デプス・インタビュー）**」や，数名の対象者が面接者を中心に共通のテーマについて意見を表明する中から，多様な意見を抽出する「**グループ・インタビュー**」がある。いずれも，手法の経験的習得が必要である。

■ 対象者の状況に合わせて調査内容を臨機応変に変更しつつ調査テーマに接近する点では「非指示的面接法」のほうが優れているが，それらには熟練した技術が必要となる。

なお，それ以外にも，口述，手紙，日記，自伝，新聞記事，履歴書，遺書，裁判記録などによって，特定の個人や集団の生活と歴史を内容的に分析し，テーマに合わせた全体像を導き出す「**生活史法（ライフヒストリー法）**」などもある。

（小林）

参考文献
井上文夫・井上和子・小野能文・西垣悦代『よりよい社会調査をめざして』創元社，1995

4 帰納・演繹・解釈

今田高俊は、社会科学の方法を、**観察帰納法**、**仮説演繹法**、**意味解釈法**の3つに分類している。ここでも今田に従いつつ、それぞれについてまとめておこう。これらは、20世紀半ばまでに確立された社会科学の方法論の「古典的段階から現代的段階への移行」の中で結実したものであり、観察帰納法と仮説演繹法が「社会の自然科学をめざした実証主義」の流れを受けるもの、意味解釈法が「社会の理解科学をめざした解釈主義」の系譜に位置づけられるものである。

観察帰納法とは、収集されたデータ群に読み取れるものを一般化し、帰納的に命題化していく研究である。この方法は、具体的な経験的事実から出発する。だが、具体的なものは、時間的あるいは空間的に限定された事実でしかない。それを一般化することは、どのようにして可能になるのか。**量的調査**においては、**母集団**を設定した上で**標本抽出（サンプリング）**を行い、抽出された標本集団から得られた命題が母集団全体へと一般化できるかどうかが確かめられる（統計的推定の手法がそこで用いられる）。ただし、母集団の確定やサンプリングが、全ての調査対象において可能であるわけではない。

仮説演繹法は、個々の具体的事実からは自由に、まずもって普遍的に妥当する——「理に適う」——と考えられる理論命題を定立し、その検証を行う演繹的な手続きをとる。もちろん、反証されることは常であるが、反証によって理論は洗練されていく。そこには、データに語らせる観察帰納法につきまとう一般化の問題はないようにみえる。しかし、いかなる理論の構築も、それがいかに「理に適う」ようにみえるものであっても、社会的な拘束を免れるものではない。自然科学においてすらそうであるのに、社会科学においてはなおさらである。まずもって理論から始まるこの方法を採用する場合、理論化されたその時点ですでに視野に入る事実が限定されるために、見ない・見えない領域への慎重な配慮が要求されるといえる。

意味解釈法においては、一般化や普遍化は二次的である。対象となる個人や関係、集団における当事者のリアリティ——意味づけられつつ経験された当事者の生きる世界——を理解し、行為の意味を解明することが目指される。意味解釈法の対象は、時間的にも空間的にも特殊な個別的存在でしかありえない。それゆえ、一国の元首であろうが眼前のアルバイトに夢中な大学生であろうが、誰でもその対象になりうる。意味解釈法は、そこから人や社会についての一般的・普遍的理論を一足飛びに導き出すものではない。これはこの方法の明らかな限界である。だが、意味解釈法によって理解可能な領域が押し拡げられ、観察帰納や仮説演繹の前提となる人と社会に関する認識が深められてきたことは確かだ。

意味解釈法において一般化や普通化は二次的であると述べたが、そこでの理解が個別的、特殊的な論理によってなされているわけではない。用いられる論理は、やはり一般性・普遍性をもつものにならざるをえない。それゆえ、意味の解釈にあたっても、観察帰納や仮説演繹において参照される理論との対話は欠かせない。また、観察帰納法や仮設演繹法を用いたデータの分析においても、結局のところ、データの意味の解釈は必要であって、データが自ら解を示すということはない。三つの方法は、出自は違っていても、相互に貫入し合い補完し合うことで人と社会についての認識を発達させてきたことは間違いない。

（西澤）

参考文献

今田高俊『自己組織性』創文社、1986

今田高俊「科学するとは何か」（今田・友枝敏雄編『社会学の基礎』有斐閣、1991）

盛山和夫『社会調査法入門』有斐閣、2004

5 社会調査の始まり

社会調査の始まりを支配権力による専ら課税や徴兵のための**人口調査（人口センサス）**（**7**参照）に求めることはできるが，近代以前の人口調査と近代以後の人口調査には系譜的に大きな断絶がある。

江戸時代の記録の中の「水呑」とは，貧しい農民であることをそのまま意味するものではなく，土地を持たずそれゆえ幕府の税制において重要度が低い存在であることを表わすに過ぎなかった。「水呑」が実際には職人や商人であったことも稀ではないし，莫大な富を有し金融業を営む「水呑」もいた。それゆえ，「水呑」の世帯が人口の7割，8割を占めていたにも関わらず，たいへん富裕であった地域もある（網野善彦『続・日本の歴史をよみなおす』筑摩書房，1996）。今なお流通している「日本人は農耕民族」であるというある種の社会認識の根拠となった記録は，どれほどの石高を生み出すのかという狭い関心によって作られたものでしかなかったのである。

近代以降の人口調査を含む大規模な**全数調査**（**14**参照）や以下に述べる調査は，目的ゆえの限定はあるにはあるが，人や社会に関する認識の生産自体への志向をもつものである。

今日ではサーベイ調査といえば規模の大きい総合的調査の全てをそう呼ぶが，そもそも，**サーベイ survey（社会踏査）**は，社会問題の解決という実践的目的のためになされた総合的調査のことであった。社会踏査は，産業化を早々に経験し貧困問題を抱えていた19世紀半ばのイギリスにおいて始まった。19世紀末に，『ロンドン市民の生活と労働』全17巻をまとめたC・J・ブースがなした一連の調査では，まずもって複数の指標でロンドン市民が8つの階級に分類され3割の市民が貧困階級に属するとされるとともに，貧困の原因が怠惰や不道徳など個人的要因にあるとする俗説が退けられ雇用問題として貧困が捉えられた。ある

いは，エンゲル係数としてよく知られる，所得が高くなるほど飲食費の比率は低くなるというE・エンゲルのテーゼも，労働者階級への社会踏査において発見されたものである。イギリスでの社会踏査を通じ，用いられまた洗練されていったのは統計的手法であった。それを通じ，社会のもつ傾向性，法則性の発見が試みられたのである。

そうした社会調査の発展と定着は，同様の社会問題に遅れて直面したアメリカや日本の大都市においてもみることができる。

1920年代に入って，R・E・パークが指導するシカゴ学派社会学において，社会調査は，実践的目的をもった調査から事実の探求それ自体を目的とする調査へとより明瞭に移行した。統計調査が放棄されたわけではもちろんないが，あらかじめ実践的目的に沿ってリアリティを切り詰めていくのではなく，**エスノグラフィー**（**49**参照）や**生活史**（**48**参照）をなどの質的方法を用いてまずもって当事者のリアリティを理解することが目指され始めたのである。それ以降，**量的調査**に加え，**質的調査**も社会調査において重要な調査アプローチとして認められるようになる。

日本において，シカゴ学派が隆盛であったほぼ同時期に活発な調査活動を行ったのは，東京市や大阪市などの大都市の社会局であった。そこでは，ブース流の統計調査とともに，部分的にシカゴ学派流のエスノグラフィックな試みもなされている。ただし，社会局の調査は，**国勢調査**や社会事業の実施という国家的な実践的目的に枠づけられたものではあった。

（西澤）

参考文献
平岡公一「社会調査活動の歴史」（原田勝弘・水谷史男・和気康太編『社会調査論』学文社，2001）

6 社会調査の発展

　第二次世界大戦後における社会調査の発展は，アメリカ社会学の隆盛とともに特徴づけられた。戦前の調査における政策的志向や，**質的調査**により現状把握を優先する傾向から，より「科学的」な方法論への志向が重要性を増すようになる。

　アメリカ社会学において，統計的研究法を発展させた研究者の一人としてラザースフェルド（1901-1976）があげられる。彼は，アメリカで発達しつつあった世論調査法に，因果関係による推論の方法を融合させたと言われる。**無作為抽出**による世論調査は従来，記述的な性格のものにとどまっていた。大統領選における候補者の支持率はどの程度か，といった具合である。しかし，統計的方法の導入により，説明的な分析が可能になった。どのような属性の有権者が，どの候補者を支持する傾向があるのか，という「原因」と「結果」との関連，すなわち「仮説」を検証することが主要な目的となった。そして，独立変数と従属変数による2変量の解析から，さらには，複数の統制変数を投入した**多変量解析**へと発展していく。

　コンピュータに関する技術の進歩は，このような手法の発展を支えている。当初はデータ・カードやソーターを用いて分類するという，かなり原始的な手法が主に用いられていた。その後，大学等の機関で大型コンピュータが一般的に用いられるようになり，そして現在ではパーソナル・コンピュータで大抵の分析をすることが可能になった。統計的手法についても，計算のプログラムをいちいち書き出して，実行させる必要はなく，汎用の統計パッケージ（SPSSやSAS）などを用いて，比較的容易に解析できるようになった。

　科学技術の発展に伴う形で進展した**量的調査**の方法論の充実は，調査技術の一般化をもたらしたといえる。大学を中心とした研究機関のみならず，行政やマスコミ，企業などによる調査が頻繁に，そして大規模に行われるようになった。**国勢調査**に代表される，各省庁によって収集される様々な官庁統計，新聞やその他の報道機関によって行われる世論調査，商品やサービスの販売戦略のために行われる**マーケティング調査**など，その内容は多岐にわたる。

　一方，1960年代以降には，このような**量的調査**の一般化に対し，批判的な立場を示す研究者らもあらわれ，そこからは質的手法の再評価と発展がもたらされた。まず，20世紀初頭において頻繁に用いられた**生活史**や**エスノグラフィー**といった手法の再評価がなされるようになる。そして，エスノメソドロジーや**会話分析**など，より厳密な方法論が質的調査においても展開される。これらの手法においては，行為の意味とその文脈に焦点が当てられている。

　しかし，このような社会調査の一般化，多様化は新たな問題をもたらしたともいえる。人々のプライバシーに関する意識の高まりは，社会調査における回収率の低下をもたらしたが，このことは調査環境の悪化という単に技術的な問題にとどまらない。社会調査と人権，および権力との関係の再検討が必要とされているのである。このような状況において，近年，制度的に権威づけられた研究機関や行政，企業ではなく，市民自身の手による社会調査の可能性についての議論がしばしばなされるようになった。

　また，2003年には，「社会調査士資格認定機構」が，社会調査に関する知識と技能を持った人材の育成を目標として設立され，社会調査士，および専門社会調査士に関する資格の制度化が実現した。社会調査に関する科目の認定を受けた大学・大学院において上記の資格の取得が可能になり，現代社会における社会調査教育の制度的発展が目指されている。

（久保田）

参考文献

G.イーストホープ，川合隆男他訳『社会調査方法史』慶應義塾大学出版会，1974-1982
高根正昭『創造の方法学』講談社現代新書，1979
宮内泰介『自分で調べる技術――市民のための調査入門』岩波書店，2004

7 社会調査の今

　現代の社会生活の中で見られる社会調査の種類には，①人口調査，②市場調査，③世論調査，④マスコミ調査，⑤学術調査などを挙げることができる。

人口調査

　19世紀近代に，アメリカ，イギリス，フランスにおける国家学の一部としての統計学（Statistik は国家を意味する stato に由来し，ドイツにおける国家 Staat についての知識の体系の一部と位置づけられた）の確立とともに人口調査は隆盛を極めた。

　日本でも，統計学的手法にもとづく全国規模の調査は，1920（大正９）年に初めて実施されて以来，大規模調査（西暦年数の下一桁が０の年）と簡易調査（同じく５の年）とが５年毎になされてきている。

　国勢調査は日本の全国民が回答する義務をもつ唯一の調査であり，母集団の一部を抽出する標本調査ではなく，母集団の全数を調査する全数（悉皆）調査である。

　そもそも人口の正確な把握を目的に行われたが，その後，国籍，家族員の性別，年齢，学歴，配偶関係，子供数，職業，年収，住居の規模まで調査するようになった。1990年次の国勢調査の規模は，①調査対象者＝総人口１億2000万人，およそ4000万世帯，②調査指導員８万人調査員75万人，③政府予算455億円となっている。近年ではプライバシー保護の問題などから，わが国でも拒否者が増加しつつある。

　また，国勢調査に準じたものとして，事業所の国勢調査ともいえる「**事業所統計**」（３年毎）があり，「**商業統計**」（２年毎），「**労働力調査**」（毎月）「**住宅統計**」（５年毎），「**学校基本調査**」（毎年）「**家計調査**」（毎月）「**就業構造基本調査**」（３年毎）「**全国消費実態調査**」（５年毎）などがある。これらは必ずしも**全数調査**ばかりでなく，**標本調査**もあるが，いずれも全国規模のもので，「**統計法**」という法律によって規定されている。これらは「**指定統計**」と呼ばれ，現在では100余の調査が指定調査とされている。

市場調査

　市場調査（マーケティング・リサーチ）とは，市場活動の企画，遂行，検証において生じる課題を解明するための技術である。それはデータの収集，分析によって課題の実態や構造を明らかにする技術といえる。具体的には，商品やサービスの購入，使用状況，それら商品やサービスへの評価や需要について調査することである。企業の場合には，商品開発に際してのニーズの把握，コンセプト評価，パッケージ・テスト，商品評価テストや広告内容の評価などが通常行われている。また，消費者の意識や行動，生活実態に関する調査なども行われている。内容別に見ると，

　①　購入使用実態調査——すべての市場調査の基本となる調査であって，これを踏まえてさまざまな市場調査が可能になる。化粧品の例で言うと，どの化粧品をどのくらいの女性が使用しているのか。そのうちの各ブランドの比率はどのくらいか。いくらくらいの値段の品をどのくらい使用しているか。それらを地域別，年齢別，収入階層別に調査分析する。

　②　販売計画調査——販売政策の立案と決定のために，どのような販売計画なら売り上げや利潤が最大になるかを調査する。販売促進政策として企業がとるのは広告宣伝計画，セールスマン政策，販売店対策などであるが，これらに対応した総合的な「購買動機調査」や個々の「広告調査」「販売店調査」などの販売促進政策毎の調査がなされる。

　③　製品計画調査——新製品の開発や既存製品の改良のために行う。購入使用実態調査にもとづいて，消費者の好みのブランドやブランド毎の好みの違い，使用感や不満点が地域，年齢毎に明ら

④ 需要予測調査——主として売り上げ統計などの「時系列分析」といった経済的変数を中心にして需要予測はなされてきた。近年では，商品に対する態度，イメージ，期待といった心理学的変数や階層，階級，所属集団，集団規範といった社会学的変数についての市場調査を付与するようになった。

世論調査

世論調査とは，あるテーマについて人々の意見を統計的社会調査の手法によって明らかにすることである。実際にはある特定時点において対象者によって抱かれた意見の分布状態である。

① 選挙予測調査——当選，落選を予測するための調査。選挙前に有権者の政治意識などを調査し，その結果と開票結果とを照合させて，できるだけ早く，正確に当落を予測することを目的としている。

② 時事問題調査——政党支持率，内閣支持率といった一般的政治的指標の**追跡調査**以外に，その時々の政策争点（物価，公害，ダム建設）や政治姿勢（地域開発か福祉行政か）を問う調査が代表的である。

③ 社会意識・生活意識の調査——統計数理研究所が20年来実施している「日本人の国民性」についての調査，社会学や社会心理学者による「階層意識」調査，総務庁や国民生活センターの「生活意識」調査などが代表的なものである。

④ 行政施策調査——国や地方自治体の行政機関が特定の行政施策の方向付けや運営のために行う調査で，時事問題的なものから自治体住民の生活意識の調査までが含まれる。

マスコミ調査

マス・コミュニケーションという社会的事象を調査研究するもの。テレビ，ラジオ，新聞，雑誌，書籍に関して「送り手」「受け手」「内容分析」「効果分析」などの調査がある。

① 接触調査——人々のマスコミ接触度の調査で，テレビなら「視聴率調査」，ラジオなら「聴取率調査」，新聞の「閲読率調査」などである。近年テレビの視聴率競争の弊害や事件で，マスコミ界でも論争を引き起こした「視聴率調査」は，日本では1962年の「ビデオ・リサーチ社」設立以後に機械式視聴率調査が始まった。しかし，この数値が番組の生殺与奪権をもつに至って，マスコミ低俗化の元凶として問題にされている。

② 評価調査——単なる接触率ではなく，マスコミの内容に対する印象や評価，満足度や期待を調査するもので，番組制作や記事の企画，割り付けなどに反映される。これはマスコミへの「受け手」の参加の一形式と考えられる。

③ 効果調査——マスコミによる選挙キャンペーン，広告キャンペーン，消費者運動キャンペーンなどが人々にいかなる「態度変容」や「イメージチェンジ」を及ぼし，「行動」を促したかといった効果に関する調査。マスコミの説得効果以外にも，テレビが児童の考え方に及ぼす長期的影響調査などを含む。

研究調査

世論調査や市場調査は基本的には特定の実用的な目的をめざしているが，それらの調査結果から社会学や社会心理学の理論構築をめざしたり，それら理論を世論調査や市場調査によって検証したりする場合がある。その場合，それらを研究調査として区別することができる。むろん，学術研究上の仮説の検証を通じて，理論構築をめざす目的で調査を行う場合が最も純粋な研究調査ということになる。

（小林）

参考文献

山本勝美『国勢調査を調査する』（岩波ブックレット380）岩波書店，1995

石井栄造『図解でわかるマーケティングリサーチ』日本能率協会マネジメントセンター，2001

8 調査をする側・される側

社会調査の主体（調査者）と客体（対象者）との間には，認識論的な問題のみならず，認識論的問題が生み出される主客それぞれの置かれた社会的文脈そのものに関わるいくつかの問題が存在している。

主客問題の事例

社会言語学者のW.ラボフ（W.Labov）によれば，社会言語学的調査において，被験者の発話行動は社会的状況の変化によって大きく変わる。彼の経験した例では実験的な発話状況の場を人為的に変えることによって「無口な下層階級の子ども」といった命題が導出されることが明らかになった。

彼はまずニューヨーク市のある学校の黒人生徒に対する面接を試みる。面接者は白人の大人で，少年の前に積み上げられたブロックや可燃エンジンを指して「これについて知っていることをみんな話してくれないか」と質問する。これに対して少年はほとんど口を開かなかった。そこで，この結果は「下層階級の子どもにおける言語能力の欠如」を証明するものとされた。だが，ラボフはこれを少年と白人調査者との敵対的な関係と，それに対する少年の防御的態度の表明とみなし，敵対的関係を友好的なものに変えた再実験を実施してみた。こんどは提供用のポテトチップを手にし慣れた黒人の面接者が子どもの友人も誘って，みんなで床に座り込み，禁句やタブー的話題を交えながら話し始めた。すると，そこに発見されたのは言語的に活発で，話題の豊富で饒舌な二人の少年であった。

主客間の「距離」

以上の事例から，調査の主体と客体との間には一定の「社会的距離」のみならず，その関係の質（敵対的か友好的かという）の問題が介在していることに気づく。まず，主客の「距離」の問題は，とりわけ「参与観察」（**51**参照）において切実なものとなる。そこでは調査者は対象者の生活へ「参加しつつ調査する」ために，対象に密着しつつ，しかしあくまで対象に対して一定の「距離」をとることが要請されるからである。ラボフの例では，白人調査者における「敵対的」な「遠距離」と，黒人調査者における「友好的」な「近距離」とが対比されているが，この距離は連続的なものである。それを図式的に整理したものが表8-1（R.Gold,1958. より）である。

図8-1　フィールドワーカーの役割のタイプ

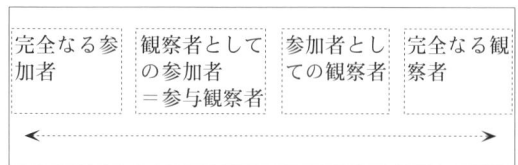

佐藤郁哉『フィールドワーク』新曜社。1992より作成

ここでいうⓐ「完全なる参加者」とは，少なくとも対象者にとって調査者がそうであることに気づかれない，いわば潜入者＝スパイのような立場にある。これに対して，ⓑ「観察者としての参加者」は，対象者にとって調査者であることが知られていながら，対象者の生活に準メンバーとして受け入れられている場合である。そして，ⓒ「参加者としての観察者」は，対象者と生活をともにすることはないが，現地を訪問して調査を実施する体験をもつ程度の浅い「参加」の場合。最後のⓓ「完全なる観察者」は相互に生活上の接触をもたない純粋に一方的な観察の場合である。

参与観察にとって最も理想的な立場は「観察者としての参加者」ということになるが，それを対象者の側からみた存在形式は異人（ストレンジャー）や「よそ者」といった存在形式と比較されるものである。一定の共同生活の場に「観察者として参加」する場合，その生活についての「知識」は，抽象的なものではなく，あくまで共同生活の文脈に「埋め込まれた」ものでなければならない（生活を共にする目的はそこにあるから）。したがって，その「知識」の十全な体得のためには集団の生活史を共有しつつ，生活活動を共にする必要が

ある。だが，同時に注意しなければならないことは，そのことによって第三者的な「観察者」の立場を忘失してはならない点にある。この微妙な立場についてはジンメルの「異郷人」やシュッツの「よそ者」論などが参考になる。

また，この「距離」とはいうまでもなく物理的なものではなく，心理的，社会的なものであり，内容的にはラボフの例にあるように「敵対的」か「友好的」かといった親密さの有無に関わってくる。これがいわゆる「ラポール（Rapport）」（親密な結びつき，信頼関係）（**50**参照）の問題である。完全な「ラポール」の達成のために，対象者と一体になりすぎること（オーバーラポール）が「観察」に支障をきたしがちであること，したがって「客観性を失わないラポール」の可能性といった問題が存在している。

調査者のスタンス

ところで，こうした調査主体・客体の認識論的関係の背後には，それを規定する社会的文脈が広がっている。したがって，この主客関係の問題はそれを支える社会的文脈との関連も含めて再定立され直さなければならない。ブルデューの客観主義と主観主義の双方への批判がめざすのはその点にある。

ブルデューによれば，社会構造を超越的な高所から眺める「客観主義的」な視点は，対象者の生活活動＝「実践」にとって外的な立場に立ちつつ，自らの超越的立場性を省みることがないため，自らの視点の固有性に気づかず，それを絶対化してしまうことによって対象者の実践の契機を排除してしまう。他方，生活者のそうした実践に固有の論理とは，論理学的論理に対比するなら，恐ろしく不統一，不規則，不明瞭なものでしかなく，それゆえ，「主観主義者」らが目指すような，実践の論理そのものに内在して固有の分析視角を抽出することは不可能であるとされる。

そこで，この実践を説明するためには，観察者の視点を丸ごとそこに内在させるのではなく，むしろ，その生活者の実践そのものを生み出すハビトゥス（身体化された社会的規範や慣習）を構成

する社会的条件と，それが作用する社会的条件とを関連づける独自の「距離」に立った視点を確保する必要がある。実践それ自体は一定の社会的文脈によって規定されつつ，当の社会的文脈に働きかけるものであり，その担い手こそが「身体的活動」（＝ハビトゥス）にほかならないからである。この実践の再生産の社会的メカニズムこそは，「客観主義」者にも（彼らは実践そのものには関与しない），「主観主義」者にも（彼らは実践そのものに内在しようとするあまり，実践を生み出す諸条件に関して，実践者同様，無自覚にならざるをえない）扱えない固有の課題を提示していることになる。それは客観主義，主観主義双方の視点そのものを共に「客観化」しうる相関主義（K・マンハイム）的立脚点への模索であるといえよう。

（小林）

参考文献

W.Labov, "The Logic of Nonstandard English," in P.P.Giglioli, ed., *Language and Social Context*. 1972.

R.Gold, "Roles in Sociological Field Observation" *Social Forces* 36, 1958.

G.ジンメル「異郷人についての補説」（居安正訳『社会学』（下）白水社，1994）

A.シュッツ「よそ者――社会心理学的――試論」（渡辺光他訳『社会理論の研究』（アルフレッド・シュッツ著作集3）マルジェ社，1964）

P.ブルデュー，水島和則・田原音和訳『社会学者のメチエ』藤原書店，1994

9 調査と現実

調査結果と現実

社会調査と社会的現実との関わりについては、社会調査によって得られた事実がそのまま現実に重なるという保証はない。むしろ、データの**バイアス（偏差）**や質問の仕方が不適切な場合には調査結果は現実を覆い隠すことにもなる。

いずれにしても、結果から現実を柔軟に解釈することができなくてはならない。

調査による現実構築

ちなみに「世論調査」についてみるなら、果たして世論調査と関係なく「世論」なるものが実在するといえるであろうか。むしろ、世論調査の結果として「世論」なる事実が生み出されるのではないか。つまり、世論調査こそが「世論」形成のメカニズムに他ならない。**国勢調査**や動線調査のように、人口の規模や、街頭の人や車の流れについての調査の場合には、その結果は現実を反映したものとみなしうるが、世論調査などのように「意味的世界」に関する調査の場合には、調査それ自体が「意味的世界」形成の一因にもなる。

そこから、マスコミによる社会調査の結果に関する報道（「世の中はこうなっている」といった）が、その報道を信じた人々の行動によってその結果に対応した現実を生み出してしまう（「**予言の自己成就**」）事態や、選挙予測調査などでは予測結果の報道（例えば「Ａ候補、楽勝か」など）が逆にその後の投票行動を大きく左右してしまう（この場合は「楽勝なら他の候補に投票しよう」といった傾向を生み出してしまう）場合がある。これを**アナウンスメント効果**という。

だが、ブルデューも指摘しているように、そもそも世論調査以前には「世論」なる現象や事実は存在しない。というのも、「世論」を担うとされている日常生活者を世論調査の対象者＝被分析者として登場させるのは、調査者＝分析者だからである。そして、統計上示されたデータから一定の事実＝意味として「世論」を見出すのは分析者にほかならない。しかも、均一的な世論調査は、多様であるはずの対象者やそれぞれの社会的条件などを均一に切り取ろうとすることで、実は、質問の意味が対象者とその社会的条件によってそれぞれ異なった意味をもつことを排除することになる。つまり、こうした多様性を孕んだ「現実」に対して、調査は独自の均一的な切り口を通して世論という「現実」を構築していると考えられる。

> **予言の自己成就**
> ある予測が、その予測をした結果として予測どおりの状況を生み出してしまうこと。マートンによって命名された概念。彼の提示した事例では「○×銀行が支払停止になるらしい」といった根拠の無い予測＝うわさが一人歩きすることによって、預金者たちが預けたお金を引き出そうと殺到し、本当に銀行が支払い停止に追い込まれてしまう「取り付け騒ぎ」などがある。

> **アナウンスメント効果**
> 選挙の予測調査や情勢報道によって、有権者の投票行動や選挙結果に変化を及ぼす効果をいう。その際、変化の方向がいわば上向きになる場合を「バンドワゴン効果」という。例えば、予測調査の結果報道がある候補者に優勢であった場合、その結果をさらに促進し、「勝ち馬」に乗ろうとする行動を促進するような効果をさす。また、逆の場合を「アンダードッグ効果」といい、予測調査の結果が劣勢と報じられた候補者に同情票が集まり、「判官びいき」を促進するような効果をさす。

（小林）

参考文献
P.ブルデュー「世論なんてない」（田原音和訳『社会学の社会学』藤原書店, 1991）

10 社会学と調査

　社会調査と社会学理論との関係は，多様な側面をもった問題であるが，その関係は社会学的理論の伝統にとっても重要な意味を持っている。ここではそうした点から，M.ウェーバーとE.デュルケムの社会学理論の構築に関わる社会調査の重要性について紹介し，ついで，この関係について整理を試みたマートンの所説を振り返る。その上で，社会調査について独自の批判的視点を突き詰めたブルデューの考えを紹介しておく。

M.ウェーバー

(1) ウェーバーの問題意識

　ウェーバーの研究を導き続けた関心の1つに，人間の社会的行為の動機づけの問題がある。マルクス主義的な行為理解によれば，行為を規定する要因は経済的利害（損か得か）に限定されてしまう。これに対してウェーバーは行為を導く精神的価値理念（善し悪し）に注目した。それが『プロテスタンティズムの倫理と資本主義の精神』において提示された社会的行為分析の（マルクス主義的観点に対する）独自の視点である。人間行為を直接に支配するのは，理念ではなく利害である。しかし，理念によって作られた『世界像』は，転轍手として軌道を決定し，その軌道にそって利害の力学が人間行為を押し動かすというのがそれである。彼によれば，人間行為はこの物質的利害と精神的価値理念との葛藤といったダイナミクスによって規定されるとみなされる。このウェーバー独自の視座はとりわけ彼の宗教社会学的研究を導くことになったが，そもそもこの視座は最初期のかれの農業労働問題に関する調査研究のなかから浮上してきたものにほかならない。

(2) 農業労働者問題の背景

　19世紀末のドイツ産業化の発展は，伝統的な農業経営であるユンカー経営の基礎を突き崩すものであった。それは（外国穀物の流入による）深刻な経営不振と（ドイツ人農業労働者の非ユンカー地域への流出による）労働力不足を生み出した。
　こうした危機を背景として，ウェーバーが参加していた社会政策学会は農業労働者問題を取り上げ，1891年に全ドイツの農業労働者を対象とした調査を実施した。
　ウェーバーは東エルベ地方の調査を担当し，『東エルベ・ドイツの農業労働者の状態』（1892）を発表し，これにもとづく講演『農業労働制度』（1893）を行った。かれが採った調査方法は今日一般に「経験的社会研究」（A.ツィンゲルレ）と呼ばれる方法で，社会史，経済，法律，政治の諸観点を独自に組み合わせた歴史社会学的な研究の典型的事例をなすものであった。

(3) 東エルベ地方の農業労働者問題

　ウェーバーは当地のユンカー経営の変質を以下のように分析した。
　東エルベ地方は16世紀以来，領主（ユンカー）制的大農場経営が受け継がれてきた。19世紀はじめの「改革」以後，この大経営＝大土地所有の労働力を提供してきたのは「インストロイテ」（契約は1年単位で，労働者家族と雇用主との間に取り交わされ，労働に対して，日割り賃金を与えられるが，一般水準よりはるかに低い。また，菜園と畑地が貸与され，逃散した場合は雇用主はかれらを連れ戻す権利をもつ）であった。だが，19世紀半ばより，農業技術の改良，経営の集約化，根菜栽培の普及が夏季と冬季の間の労働力需要に差をつけることになった。そのため，インストロイテはこうした農業経営には不適応となり，代わって「デプタント」（1年契約で家族全員で雇用されるが，支給される土地はインストロイテよりはるかに少なく，賃金は額の固定した現物支給であり，より賃金労働者的色彩が濃い）や「自由労働者」「季節労働者」が増加した。
　そこから，伝統的なインストロイテとユンカー

との間の家父長的関係が弱まり、インストロイテ自身もこれを歓迎し、安定していても束縛された「呪わしい義務と責任」の強制に対して、経済的に不安定でも自由を欲し、自由な貨幣賃金労働者に向かう傾向が進む。その結果、優れたインストロイテが故郷を棄て、東部から離れ、工業地帯へ流出し、ユンカーの側も営利的視点からインストロイテの流出に対し、無責任に酷使できるスラブ、ポーランド人労働者に代えることになる。このことは有能なドイツ人労働者が駆逐され、貧しいが無能力なポーランド人労働者が東部にあふれ、東部のポーランド化が進行することになる。表10-1は、優良地＝平地では騎士領においてポーランド人が多数を占め、劣等地＝高地では村落においてポーランド人が多数を占めることを示しており、さらに民族別の人口変動をみると、優良地の騎士領で減少しているのはドイツ人インストロイテであり、劣等地の村落で増加しているのはポーランド小農であることが判明している。

表10-1　四地域類型別のドイツ人構成比

経済条件＼社会条件	騎士領	農民村落
優良地＝平　地 （10-15M/ha）	42.1%	60.7%
劣等地＝高　地 （5M/ha）	50.2%	35.5%

表10-2　四地域類型別の人口移動

経済条件＼社会条件	騎士領	農民村落
優良地＝平　地	－ （激減）	＋ （増）
劣等地＝高　地	－ （減）	＋＋ （激増）

（鈴木正仁，1988より）

(4) 理念と行為

こうした事態に対するウェーバーの立場は、スラブ人労働者の流入を遮断し、内国殖民＝独立農民の入植を提案するものであり、ウェーバーの調査研究はその「国家理性」に立つ政策論的視点を支えるものであったが、同時に、またそれ以上に、その後のウェーバーの社会学的展開にとってのキーコンセプトを提示するものでもあった。

それは、ドイツ人インストロイテをあえて経済的に不利な地域へと自発的に流出させてしまう動機にある。その内面的な動機をウェーバーはこう指摘する。「遥かな地へとかれらを駆り立てる衝動は、しかとは自覚されぬ朧ろげなものではありますが、そのなかには素朴な理想主義のひとつの契機がひそんでいます。このことを見抜くことができないようなひとは、およそ自由の魔力というものを知らないひとであります」。

こうして、ウェーバーにおける初期の農業労働調査は、その後のかれの社会学的展開の独自の切り口を準備したものであるといえる。

デュルケーム

M.ウェーバーと並ぶ社会学者であるE.デュルケームもまた自らの社会学理論と方法の構築の過程で、実証的な統計的データを踏まえつつ、理論的装置の研磨を進めた。それは彼の最初期の作品である「自殺論」において示されている。

デュルケームにとって、社会学が取り扱う社会的事実とはもろもろの制度を典型とした、個人的意識にとって外在的で、拘束力をもった行動ならびに思考の様式である。それを研究者は社会的事実、すなわち「物」として扱わなければならない。そして、これら事実には「正常」なものと「病理的」なものとがある。正常な事実とは、ある社会に普遍的に存在し、社会に対して構成的な機能を果たすものであり、病理的事実とは一定の（正常値を超えた）水準以上の犯罪や自殺のように、例外的でありながら、社会にとって危機的な要因となりうるものである。

そして、こうした事実の社会学的（つまり、個人的、心理的ではない）説明が要請されることになる。その方法の典型が「比較的方法」である。そのうち、「自殺論」では「共変法」と呼ばれる方法が採用される。これは2つ以上の変数に関するデータの統計的相関を調べ、推論をする方法である。

(1) 「自殺論」の方法

統計的事実の示す自殺の現象は一般に、①冬よ

り夏に多い，②青年より老人に多い，③健康人より病人に多い，④女性より男性に多い，⑤農村より都市に多い，⑥市民より軍人に多い，⑦既婚者より独身者や離婚者に多い，⑧子どものいる人より，いない人に多い，⑨（アメリカでは）白人より黒人に多い，⑩カトリック教徒よりプロテスタントに多い，といった傾向が見られる。

だが，これらの傾向に関する従来の説明はいずれも非社会学的（個人的，心理的，環境的など）なものであった。デュルケームにとって自殺という現象は統計的＝社会的事実である以上，社会的原因の究明こそが求められなければならないと考えられた。そして，かれによるなら，自殺を引き起こす社会的要因には3つの主要なタイプが区別される。すなわち，①「自己本位的自殺」，②「集団本位的自殺」，③「アノミー的自殺」がそれである。

(2) 自己本位的自殺

自己本位的自殺とは，自殺者が属している社会集団の凝集性が弱く，内面的な拘束力が弛緩している場合に起こる自殺の形態である。具体的には信仰集団の場合では，プロテスタント（信仰の動機や形態が個々人に任される度合いが大きく，信者自身による聖書の解釈の自由がより多く与えられている）の方が，カトリック（聖書検討の自由がより制限されており，信者間の共通の思考様式や行動様式がより教会の統制下にある）教徒よりも自殺率が高い。こうした集団的凝集性と自殺率の相関は，他に①未婚者より既婚者の方が，②やもめ暮らしより夫婦者の方が，自殺率は低く，また家族集団の凝集性が高いこととの間に見られる。

(3) 集団本位的自殺

自殺者の属する集団の凝集性や統制力が強すぎて，自殺者がその集団に対して有する一体感や帰属意識の度合いが強すぎる場合に生じる自殺。例えば，①未開社会の成員が自分の集団の名誉を守るために自らすすんで犠牲になって自殺する場合や，②軍人や兵士らが祖国や軍隊の名誉のためにすすんで自己犠牲の行動に出る場合などである。デュルケームによると，ヨーロッパ諸国における軍人の自殺率は一般市民に比べて大きいことが示されている（表10-3）。

(4) アノミー的自殺

ある社会が突然の危機に見舞われ，アノミー＝無規範状態に陥った場合に生じる自殺の形態。アノミーとは，人々の行動を規制する共通の道徳的規範が失われて，混乱状態に陥った状態を意味する。例えば，経済的好況が続いた後の大不況に直面して成金たちが陥る狂気じみた焦燥などであり，デュルケームが生きた19世紀フランスの商工業界がその典型であった。そこでは産業界のさまざまな規制が外された結果繁栄を遂げた業界は極めて深刻なアノミー的状態に陥っていた。その結果，商工業界の自殺率は，農業部門に比べて高くなっていた。さらに，離婚者が既婚者に比べて自殺率が高いのも，正常な夫婦生活の規制からの無規制状態への移行と関連したものと考えることができる（表10-4）。

(5) 克服の対策

デュルケームが生きたフランス社会の現状においては，「アノミー的自殺」のような病理的現象

表10-3　ヨーロッパの主要国の軍人の自殺と市民の自殺の比較

	兵士100万あたりの自殺	同年齢市民100万あたりの自殺	兵士の市民にたいする促進率
オーストリア（1876-90）	1253	122	10
アメリカ（1870-84）	680	80	8.5
イタリア（1876-90）	407	77	5.2
イギリス（1876-90）	209	79	2.6
ヴュルテンベルク（1846-58）	320	170	1.92
ザクセン（1847-58）	640	369	1.77
プロイセン（1876-90）	607	394	1.50
フランス（1876-90）	333	265	1.25

（デュルケーム，1968より）

表10-4　離婚と自殺の2点におけるヨーロッパ諸国の比較

		年間の離婚数 （婚姻1000件あたり）	自殺 （人口100万あたり）
I 離婚、別居のまれな国	ノルウェー	0.54　（1875～80）	73
	ロシア	1.6　（1871～77）	30
	イングランドとウェールズ	1.3　（1871～79）	68
	スコットランド	2.1　（1871～81）	
	イタリア	3.05　（1871～73）	31
	フィンランド	3.9　（1875～79）	30.8
	平　均	2.07	46.5
II 離婚、別居のやや多い国	バヴァリア	5.0　（1881）	90.5
	ベルギー	5.1　（1871～80）	68.5
	オランダ	6.0　（1871～80）	35.5
	スウェーデン	6.4　（1871～80）	81
	バーデン	6.5　（1874～79）	156.6
	フランス	7.5　（1871～79）	150
	ヴュルテンベルグ	8.4　（1876～78）	162.4
	プロイセン		133
	平　均	6.4	109.6
II 離婚、別居の多い国	ザクセン王国	26.9　（1876～80）	299
	デンマーク	38　（1871～80）	258
	スイス	47　（1876～80）	216
	平　均	37.3	257

（デュルケーム，1968より）

の克服のために，自殺の社会的根源にまで遡って，全体社会を構成する諸集団のうちに新たな秩序と連帯とを作り出すことが急務とされた。デュルケームは，そのために，同業組合のような国家と個人とを媒介しつつ，人々の日常的な職業活動に密着した，いわゆる「中間集団」の再建を提唱した。

R.K.マートン

マートンの研究テーマは社会学理論と経験的調査との乖離を埋め，両者の統合を図ることにあった。そのための準拠枠としてかれが提唱したのが「中範囲の理論」であった。それは経験的調査に関わる作業仮説と，それらを包括した一般的理論との中間的な理論であり，理論と調査の相互作用を通じて，経験科学的に基礎づけられた社会理論をめざすものである。

(1) 社会学理論の社会調査への貢献

マートンによれば，従来「社会学理論」として一括されてきたものは抽象化や理論化のレベルがさまざまで，かれはこれらを社会調査に対する意義という点から6種に整理した。

① 方法論——理論のうち最も基本的なのが「方法論」であり，それは「仮説を検証するすべを知っている」ということである。これは社会学理論そのものではなく，一種の手続きの論理であるが，それは経験的研究を導くことを通じてその評価，批判の手段を提供する。

② 一般的方針——さまざまな変数間の一義的関係が示されていないとき，それら諸変数の重要性を指示し，研究に対する一般的脈絡を提供し，仮説や理論を導くことを可能にする。

③ 概念分析——「地位」「役割」「合理化」「組織」といった概念は観察対象を限定する変数でもある。概念はそれが包括するデータの性格を明確にし，データの再構成に貢献するが，いまだ理論とはいえない。諸概念が一定の図式のなかで関連づけられたとき，はじめて理論となる。

④ 事後解釈——経験的調査の結果，予期しなかった結果が生じた場合に，事後的な解釈がなされる。それはさらに次の調査によって検証される必要があるが，新たな仮説を導き出す可能性を持つ。

⑤ 経験的一般化——複数の変数間の関係について観察された事態を要約した命題をさす。それは社会学理論の素材をなすものであるが，個々の命題の並列であって，今だ理論とは言えない。

⑥ 社会学理論——いくつかの経験的一般化がより高次の抽象的レベルで体系化され，理論の妥当範囲が拡大され，予測可能性を持つに至ると一定の法則性を孕んだ理論となる。しかしながら，マートンによれば，真の意味での理論は社会学ではいまだ皆無である。

(2) 社会調査による社会学理論への貢献

以上に対して，社会調査の社会理論に対する寄与とは，基本的には理論を検証する点にある。だが，それだけではなく，調査は理論を作り出し，作り変え，修正し，明確化する。

① 掘り出し型——調査の結果，予期しなかった変則的なデータに出会うことが，新たな理論の発掘につながる場合。

② 理論の作り直し——調査にもとづく新たなデータは既存の概念図式の作り直しに寄与する。例えば，ケート・スミスによる戦時公債に関する18時間にわたるキャンペーン（マラソン放送）の成功についての調査は，「言葉による宣伝を信用しない人々にとって，行為による宣伝は効果を発揮する」といった宣伝理論の修正を導いた。

③ 理論的焦点の転換——ロールシャッハ・テストやTAT（絵画統覚検査）といった研究手法の開発が「人格理論」の転換を促したように，新たな手法の案出は，理論的関心の焦点を転換させることになる。

④ 概念の明確化——調査をするためには既存の理論や命題，概念などが質問文に変換できるくらい明確化される必要がある。したがって，調査は既成概念などの明確化を促す。

(3) 中範囲理論の意義と批判

こうして，中範囲の理論は社会学理論と社会調査の概念を明確なものにし，相互の寄与のあり方を促し，理論と調査のあるべき関係を指し示したといえる。だが，他方で，経験的調査から理論化の過程における理論構築の細目が明示されないままであり，逆に理論から調査に至る仮説構成の細目も明示されないままであるといった批判や理論自体の断片化，技術化が進み，一般的理論への見通しを失ってしまっているなどといった批判も提示されている。

P.ブルデュー

現代社会学において，経験的調査研究と社会学理論とを有機的に統合する企てはP.ブルデューによって提示されてきた。ここでは，「世論調査」に関するかれ独自の批判的な切り口を紹介し，それがかれの提唱する「社会分析」と如何に関連するかを紹介しておく。

(1) 世論調査の3つの公準

ブルデューによると，世論調査は調査以前に社会的に実在する「世論」を抽出する手法であると誤解されている。むしろ，世論とは世論調査によって作り出される人為的なものであることを示すために，そもそも「世論調査」が成立するうえで暗黙化している3つの公準を明示化する。

① 世論調査は「誰もが，何らかの意見を持ちうる」こと，すなわち，誰でも「意見」を作ることが出来るという，民主主義的な感情にもとづく前提の上に成り立っている。

② さらに，それらの意見はいずれも等価なものと前提されている。

③ 誰に対しても同じ質問をするということは，そうした質問が問われることが自明視されるはずだという前提に立っている。

(2) 無回答という問題

だが，ブルデューによれば，これら3つの公準は大いに疑わしいものである。その疑惑を鮮明なものにするものとして「質問紙法」における「無回答」の意義をめぐる問題がある。いわゆる「無回答」を如何に処理するかといった技術的問題（そもそも集計結果から「無回答」をあらかじめ排除してしまうなど）とは別に，「無回答」を無視することができるという発想それ自体が，「だれでも意見を作りうる」ことを前提としたものである。そうした前提のもとに，「無回答」は，選挙における白票や無効票と同じ扱いを受ける。

しかしながら，無回答の率は，（問題が政治的であるほど）「男性 ＜ 女性」となり，（知識や考

表10-5　職制別の無回答率（無回答率の単位＝％）

質問番号	事業部長相当職	部長相当職	課長相当職	係長相当職	一般職	全体
B-Q9	41.7	46.7	47.5	76.6	64.7	56.4
A-Q5	20.8	14.4	27.9	45.3	45.1	30.5
C-Q4-2	26.1	30.0	19.7	32.8	29.4	28.0
C-Q6-2	16.7	18.9	16.4	37.5	39.2	25.5
E	8.3	11.1	19.7	25.0	33.3	20.5
A-Q6	4.2	4.4	13.1	26.6	33.3	16.8
C-Q6-1	4.2	4.4	1.6	14.1	17.7	8.4
C-Q4-1	4.2	3.3	4.9	6.3	17.7	7.1
標準偏差	12.5	14.1	13.4	20.2	14.3	15.6
中央値	12.5	12.8	18.0	29.2	33.3	23.0
n＝	24	90	61	64	51	290

＊自由回答数の質問のみ。各質問は全体の無回答率の高い順に配置している。以下の表も同様。（北條英勝，2003より作成）

表10-6　学歴別の無回答率（無回答率の単位＝％）

質問番号	大学院修了	大学卒	高専・短大卒	高校卒
B-Q9	43.8	54.7	91.7	64.2
A-Q5	23.4	23.3	50.0	47.8
C-Q4-2	25.0	27.5	25.0	31.3
C-Q6-2	15.6	24.7	16.7	37.3
E	21.9	14.7	33.3	26.9
A-Q6	14.1	11.3	33.3	26.9
C-Q6-1	6.3	5.3	8.3	14.9
C-Q4-1	4.7	5.3	8.3	10.5
標準偏差	11.6	15.1	25.6	16.3
中央値	18.8	19.0	29.2	29.1
n＝	64	150	12	67

（北條英勝，2003より作成）

え方の問題であるほど）「高学歴＜低学歴」となる。これらのことは，万人向きの質問などは存在せず，質問は人々の利害に応じて意味づけられることを示している。とりわけ，外国人労働者の受け入れといった極めて政治的な問題になると，女性や低学歴者ほど無回答率が増大する。政治的知識を前提として，問題を政治的に構成し，質問を細分化された政治的カテゴリーに当てはめる能力こそが「政治的意見」を生産しうる条件となり，それは学歴水準に応じて異なる。

また，質問はその質問を用いた調査以前に存在していた「意見」＝世論を抽出する手法とみなされがちだが，実は，そうした質問に出会うことがなければ表明されることもなかったはずの「意見」＝世論を人為的に捏造する可能性を孕んでもいる。こうして，「無回答」の分布は，回答者の権力的位置の落差を反映するものとなる。表10-5，6，7は，こうしたブルデューの分析を日本の造船企業の組織に対して実施された質問紙調査に当てはめて展開を試みた作業の一部である。そこでは，回答者の職制，学歴，年齢が高くなるほど，無回答率が下がることが示されている。

（意見＝世論を作るもの）

以上のように，ブルデューは，「意見生産」の背景にはハビトゥスとして身体化された「性向」が存在すること，そして，この性向はいわば「客体化された階級」とは別に「身体化された階級」を築き上げており，それが「無回答」の根本に潜む背景となっている。この「無回答」は，したがって，選挙の際の白票などとは違って，「意味ある，雄弁な沈黙」であったり，「賛成，反対，疑問，軽蔑，あきらめ」のいずれでもありうる沈黙なのである。

他方，意見の生産における「回答者」の特性を

表10-7　年齢層別の無回答率（無回答率の単位＝％）

質問番号	20代	30代	40代	50代	60代
B-Q9	66.7	71.9	58.4	48.8	33.3
A-Q5	33.3	35.1	39.6	21.7	0.00
C-Q4-2	33.3	28.1	27.7	27.3	33.3
C-Q6-2	66.7	29.8	26.7	21.7	16.7
E	66.7	24.6	24.8	11.6	50.0
A-Q6	33.3	31.6	16.8	10.1	0.0
C-Q6-1	33.3	10.5	11.9	3.9	0.0
C-Q4-1	33.3	8.8	7.9	4.7	0.0
標準偏差	17.3	19.5	16.2	14.8	19.9
中央値	33.3	29.0	25.7	16.7	9.3
n=	3	57	101	129	6

＊尚，20代と60代の数字は充分な回収サンプル数が確保されていないので，この分析には30代から50代の3カテゴリーしか使用していない。（北條英勝，2003 より作成）

規定するこれら「性向」に対して，「質問」の特性を規定するのが「圧力団体」にほかならない。それは世論調査の質問項目を生産する人々が置かれている社会的条件に起因する。そこでは質問における問題構成は，一定の需要（調査依頼者）に従属しており，その需要は質問生産者の社会的条件を介して圧力として機能することになる。

かくして，世論調査は，あたかも全員一致の世論なるものがあるといった観念を作り出し，そのことによって，ある政策を正当化し，基礎づけ，その実現の可能性を切り開くことにある。ブルデューによれば，そもそも世論なる実在はなく，動員された圧力団体の意見と，言葉にならない「性向」の体系とが存在することになる。

(3) 社会分析

こうして「無回答」の生産は，「意見」の生産と表裏一体の関係にある。そこで，個人の「意見」（ないし「無回答」）を規定する要因を探索するなら，それは一方における客観的階級における個人の位置のみならず，個人がそうした位置に至る時間的，個人史的な系譜や家系に沿った個人の社会的軌跡から，かれが属す集団に固有の「性向」を突き止め，そこからかれの「位置」についての主観的表象を明らかにして，自らの「意見」（ないし「無回答」）に盛られた固有の（意識的ないし無意識的な）「意味」の解明を進めることが課題として登場してくる。ブルデューはこれを「社会分析」と称し，社会学の新たな課題を提示している。

（小林）

参考文献

M.ウェーバー，山口和男訳『農業労働制度』未来社，1959

M.ウェーバー，田中真晴訳『国民国家と経済政策』未来社，2000

デュルケーム，宮島喬訳『自殺論』（世界の名著 47）中央公論社，1968

R.K.マートン　森東吾・森好夫・金沢実・中島竜太郎訳『社会理論と社会構造』みすず書房，1961

P.ブルデュー，石井洋二郎訳『ディスタンクシオン』藤原書店，1990

P.ブルデュー，田原音和監訳『社会学の社会学』藤原書店，1991

鈴木正仁『ウェーバーの社会学』世界思想社，1988

北條英勝「社会調査における無回答から声なき人々の社会分析へ——世論調査の無回答に関するブルデューの分析の応用」（宮島喬・石井洋二郎編『文化の権力』藤原書店，2003，所収）

第Ⅱ部　社会を測る

ガイダンス

　世論調査に視聴率調査，各種経済指標に政党支持率……現代の日本では，各種の調査が実施され，その結果が常に新聞紙上やテレビ番組をにぎわせている。結果の数値ばかりが大きく取り上げられて，調査自体がどのように実施されたかについては，取り上げられたとしても簡単に触れられている程度である。なかには，街頭で行き当たりバッタリに数人に聞いたような，きわめていい加減な調査もないわけではない。結果の数値を読み取る前に，結果を生み出した過程，すなわち，どのような測定がなされたかを知らなければ，その結果を信用することはできない。第Ⅱ部では，社会調査とはどう実施するものか，調査の現場のノウハウをとりあげる。

　社会調査といっても幅広い。ここでは，もっとも多用されるアンケート型の調査を念頭に説明していく。アンケート型の調査では，アンケートすなわち調査票を作成し，それを用いて調査を行う。第Ⅲ部で用いる量的データを収集する過程にあたる。しかしながら，ここで述べるノウハウは，量的な測定にとどまるものではない。面接インタビューの依頼方法など，第Ⅳ部で述べる質的な調査につながる部分もある。データを収集する調査実施のノウハウと考えてもらいたい。

　調査の第一歩は企画である。どのような関心のもとに何を調べようとするかを問うことから始まるし，それらの吟味なしに意義ある調査はできない。まずは，関心を社会調査の実践につなげるための仮説の設定，概念の設定と操作化から話を始める。つづいて，誰に調査するか，調査対象をどのように選ぶか，さらには調査方法ならびにその選び方を説明しよう。ついで，アンケートと総称される調査票のつくり方を紹介する。

　調査現場のノウハウということで，実際に調査が実施される手順や，面接や郵送の現場で行われていることも具体的に紹介していく。アンケートを配って集めたら調査が終わるわけではない。配る段階でもさまざまな注意が必要になってくる。現場の調査員に何を指示し，あるいは，調査員になったら何に配慮すべきかをとりあげていく。また，アンケートを集めたらすぐデータになるわけではない。調査票からデータに変換するまでの作業過程も説明する。

　社会を測定するとはどういうことか。本書で基礎的な知識を培った上で，ぜひ社会の現場で通用する調査者，あるいは，ちまたにあふれる社会調査データの裏を正確に把握できる社会人になってもらいたい。

11 仮説をたてる

調査のはじまりは疑問を持つことにある。

A 「僕は就職しても勤め続けられるだろうか？」
B 「隣の子が非行に走ったのは，親の仲が悪かったせいなんだって！」
C 「私たちは保守的になっているって本当かな？」

などの疑問を持ち，それを調べることが調査である。単なる調査から社会調査とする第一歩は，その疑問を，

A' 「若者に転職が多いっていうけど，本当？」
B' 「親が不仲だと子どもが非行に走りやすいか？」
C' 「現代の若者は政治的に保守化している？」

といった社会的な関心に広げることにある。

次に，その関心をより限定して明確にしておく必要がある。知りたいことがわからなくては，それを知ることはとうていできない。まず，**仮説を立てる**とよい。仮説とは，第一には「○○は△△である」というように，主語と述語から成る文章である。そして社会調査の場合は，概念（**12**参照）間にあると考えられるなんらかの法則的な関係を表現している。「○○は，××だと△△である」というように，××という条件ないしは要因によって，○○が△△に変わるという関係をあらわすことになる。このとき，××という条件ないしは要因を**独立変数（または説明変数）**，それによって左右される○○を**従属変数（または被説明変数）**という。

A" 「若者と中年者とを比較すると，若者の方が転職することが多い」
B" 「親が不仲であると，その子は非行行動をおこす傾向がある」
C" 「現代の若者は，昔と比べて保守的になっている」

となる。

××と○○の関係が本当にあるといえるかどうかを確かめるのが，**仮説検証**である。社会調査を実施する前に，何を知るために調査をするのか，仮説を明確にしておく必要がある（社会調査のすべてが仮説検証型であるわけではなく，概念間の法則的な関係を見つける，すなわち，仮説発見のための調査もある。その場合も，常に仮説をあれこれ思い浮かべながら調査を実施していくことになるので，仮説の重要性はかわらない）。

しかしながら，検証するにはまだまだ仮説が抽象的すぎる。A"でいえば，若者がどの範囲の人のことを指すのかあいまいである。すぐに調査が実施できるように，仮説をより限定しよう。

A''' 「20歳代と30歳代以上の者とを比較すると，20歳代の者の方が，1人あたりの平均転職経験回数が多い」
B''' 「夫婦関係がうまくいっているグループとうまくいっていないグループを比較すると，後者で子どもの非行発生率が高い」
C''' 「現代の20歳代の男女の政治的志向性は，10年前，20年前の同年代の男女のそれと比べて，保守的な傾向がある」

このようにより具体化した仮説を，**作業仮説**という。作業，すなわち調査実施のために限定した仮説である。作業仮説では，概念はより限定され（**12**参照），概念間の関係はより明確にあらわされる。A'''では，若さ，すなわち年齢が独立（説明）変数，転職回数が従属（被説明）変数にあたる。B'''の独立変数は親の夫婦関係（親が不仲であること），従属変数は子の非行発生（子が非行を起こすこと）である。C'''の独立変数は時代（現代か10年前，20年前か），従属変数は若者の政治的志向性（保守的かどうか）になる。何によって何を説明するのかを考えるのが，仮説構築の第一歩である。

（西野）

12 何を知ろうとするのか

　社会調査では，調査のノウハウよりなによりも，調べたいものを明らかにしておくことが肝要である。社会に起こっている事柄は複雑で，誰にも明白でよく知っていることであっても，いざ調べるとなると，その対象を客観的に正確に把握するのは難しい。

　たとえば，日本人がいったいどんな人と一緒に暮らしているのかを知りたいとしよう。一緒に暮らしている，すなわち，同居している相手を調べればよい。「あなたが一緒に住んでいる人を教えてください」とでもたずねようか。「一緒に住んでいる」というのは，きわめて自明のわかりやすい**概念**に思える。しかしながら実際には，「一緒に住んでいる」相手をきかれて，同じ家屋内で寝起きしている相手を挙げる人もいれば，一緒にいて喜怒哀楽をともにしている相手を思い浮かべる人もいれば，ひとつのお財布で経済的に共同生活を営んでいる集団を答える人も出てくる。

　例を出そう。2つの家族それぞれにホームステイ中の学生がいた場合，同じように暮らしていても，片方の家族はその学生を「一緒に住んでいる」と回答し，もう片方の家族は「一緒に住んでいない」と回答することがありうる。どちらの回答を求めるかは，調査の意図次第である。調査したいことを明確にし，さらにそれを正確に提示できればよい。ある調査時点でのリアルタイムでの同居相手であれば，ホームステイ中の学生は同居者になるし，**国勢調査**のように3ヶ月以上にわたってふだん住んでいる人ということであれば，滞在期間に応じて同居者になったりならなかったりする。また，将来にわたって経済生活を共有することが見込まれている範囲を知りたいのであれば，一時的なホームステイ中の学生は範囲に入ってこない。同じように，単身赴任中の父親と残された家族，一人暮らしの学生と親きょうだいなども，調査の意図によって扱いが異なってくる。

　ほかにも，ある程度の期間にわたって病院や施設に入院，あるいは監獄に収監中，同棲，内縁関係，別居中の夫婦，家庭内離婚状態など，一緒に暮らしていることになるのかどうか，問題になるケースは数多くある。近年増えつつある二世帯住居のケースなどは，さらに同居という概念をわかりにくいものにしている。

　一緒に住んでいる人を知りたいといっても，同一家屋の下で暮らしている世帯構成を知りたいのか，家計を同一にしている集団を知りたいのか，あるいは，生活を共有している範囲を捉えたいのか，はたまた情緒的な一体感を共有している範囲を意図しているのか。町内会費や募金の支払，慶弔費の拠出単位となるような，地域や親族組織に

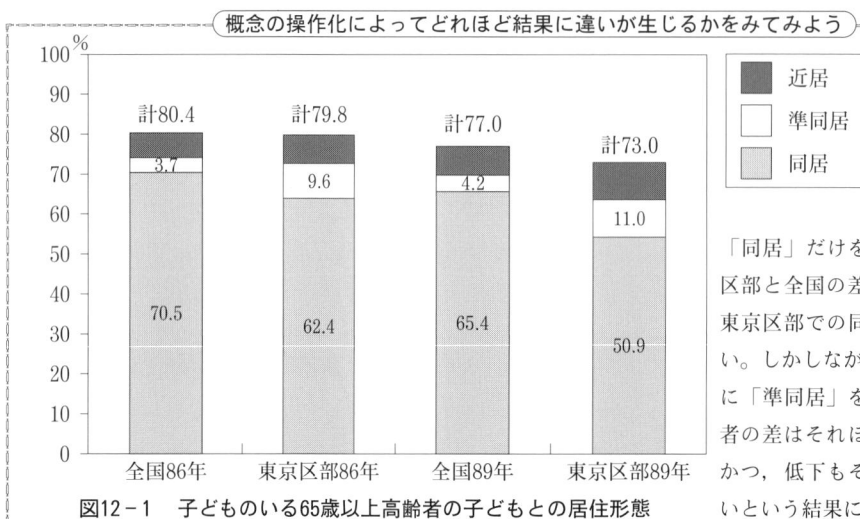

概念の操作化によってどれほど結果に違いが生じるかをみてみよう

	全国86年	東京区部86年	全国89年	東京区部89年
計	80.4	79.8	77.0	73.0
近居	3.7	9.6	4.2	11.0
同居	70.5	62.4	65.4	50.9

図12-1　子どものいる65歳以上高齢者の子どもとの居住形態
（全国と東京区部：％）

「同居」だけを比較すると，東京区部と全国の差は大きく，かつ，東京区部での同居率の低下は著しい。しかしながら，「近居」ならびに「準同居」を含めてみると，両者の差はそれほど大きくはなく，かつ，低下もそれほど顕著ではないという結果になる。

おける代表性を伴う家単位を捉えたいという場合もあるだろう。

　調査では，複雑で境界のあいまいな現実の海の中から，そこで知りたいことだけを照らし出し，知りたい部分だけを切り取って，それをデータとして持ち出してこなければならない。そのための用具を**概念**という。いわば，知りたいデータをすくいとるための網が概念である。逆にいえば，概念という網によってすくいとったデータが，知りたい現実を反映していることを前提として，われわれは考察を始める。ゆえに，概念は入念に準備しておく必要がある。

　つまり，知りたいことに応じた概念を設定し，それがとらえられるように**概念の操作化**をする必要がある。家屋ごとの共住単位を調べたいのなら，"同一家屋に暮らしている"（人数・構成）と概念設定し，集合住宅の場合や二世帯住居の場合にどのように対応するかのマニュアルを備えて操作化を行う。

　もうひとつ，例を挙げよう。「働く」というのも，日常でよく使っている言葉である。では，日本で現在働いている人の占める割合は，どうすればとらえられるか。「働いている人」とたずねた場合に，学生でアルバイトをしている人，内職をしている人，自宅でピアノを教えている人，自営業を手伝っている人は「働いている人」に入るのかどうか。

　通常，「働いている」とは「労働の対価として報酬を伴う」と定義される。専業主婦や学生は，政府統計などでは「労働力」外とされ，就労者には入れられていない（夜間部の学生で昼間はフルタイムで働いている人は立派な「就労者」であるが）。被雇用か自営か，正社員か派遣ないしはパートを含む臨時雇いかという違いはあれ，報酬を伴う労働に従事している者は働いている。その場合，肩書きとして職業についているが労働実態がない，名誉教授や定年後の顧問職などは働いていることにはならない。

　では，いわゆるフリーターで，時々アルバイトをするけれど，なにもしていない時期もかなりある人をどう扱うか。労働力に関する基本的な統計に「労働力調査」と「就業構造基本調査」がある。毎月実施されて失業率算定の基礎になっている「労働力調査」では，全国の15才以上の者に対し，月末1週間の就業・不就業の事実を調べている。すなわち，調査期間中の実態（actual base）をとらえている。一方で「就業構造基本調査」は，5年ごと（当初は3年ごと）に実施され，usual base，すなわち年間を通じた通常の就業・不就業の状態をたずねている。このように，定義によって就業・不就業は区別されている。

　「労働の対価」も定義が必要である。たとえば，有償のボランティアはどうか。対価といえるほどの額ではないが無償ではない。同じく報酬より理念優先の働き方として，シルバー人材センターからの派遣労働，「ワーカーズコレクティブ」などのケースもある。こうした働き方は，「第三の働き方」「新しい労働」「オールタナティブな就労」などと呼ばれ，近年増えており，経済的生産活動に位置づけることが求められてもいる。また，同じく近年普及しつつあるものとして，育児休業中の人の扱いもマニュアルによって操作しておく必要があるだろう。

　社会調査をすすめた大きな課題に，貧困がある。貧しい人々が実際にどのくらいいるかを知りたいわけだが，どの程度の貧しさを貧しいとするかによって結果は大きく変わってきてしまう。保守／革新というのも，支持政党で判断するのか，服装の好みで判断するのか，その操作化の方法はいくつもある。概念を設定し，その概念を測定するために使うてがかりを**指標**という。支持政党を指標として保守層を把握する，ということになる。かつて「豊かさ指標」が設定され，公園面積の占める割合，図書館の設置数などをてがかりに各地方自治体の「豊かさ」が測定され，そのランキングが公表されていた。指標への疑問から廃止になったが。

　概念の操作化とはすなわち，知りたいことを明確にし，かつ，知りたいことを限定する手続きである。関心を具象化し操作化する手続きを経て初めて，調査は開始できる。　　　　　　（西野）

13 誰に調査するか

　「クイズ100人にききました」は社会調査といえるだろうか。答えはノーである。なんでもいいから100人という多勢に聞けば，なにかわかるだろうと思うのは早計である。同じ100人でも，東京の繁華街の駅前で100人に聞いた場合と，閑静な住宅街で聞いた場合，大学の正門前で聞いた場合とでは，その100人の男女比や年齢構成などが違ってくるので，おのずと結果も異なってくる。手当たり次第に電話をかけて調べても，ウィークディの日中に家庭にかけたのでは，回答してくれるのは，ほぼ高齢者か子育て中の女性ばかりになってしまい，住民100人とはいえない。

　調査では，実施に先立って，聞きたいことにあわせて聞きたい人を設定しておくことが必要になる。調査関心のもともとの対象となる集団を**母集団 population** という。上記の「クイズ100人にききました」の100人は母集団ではない。日本人がどう答えるかを知りたいのであれば，日本人全体が母集団である。

　事例をあげて説明していこう。

非婚・晩婚化の理由をさぐるには？

　現代の日本社会において，晩婚・非婚化現象が進んでいるのはなぜか，結婚しない男女が結婚しない理由を知りたいとする。結婚していない男女を対象に結婚していない理由を聞けばいいのだろうか。まずは，結婚していない男女といっても子どもは除かれる。では，結婚可能なあらゆる未婚男女を対象にすればいいか。そこには，まだ10代や20代前半の未婚男女が多勢含まれてくることになる（なんといってもこの年代ではまだ未婚の者が多いから）。あと数年で結婚していくかもしれない者たちに結婚しない理由を聞いても，「まだ若いから」がもっとも大きな非婚の理由になってしまう。ここで知りたいのは，晩婚・非婚化を担っている結婚しない男女である。そうであれば，たとえば平均初婚年齢以上で結婚していない男女など，調査のターゲットとなる母集団をあらかじめ限定しておく必要がある。

離婚の原因は？

　離婚率が高くなっているといわれている。どのような原因で離婚しやすくなっているのかを知るにはどうしたらいいか？　離婚の原因を知りたいわけだから，調査の対象となる母集団として，まずは「離婚経験者」が考えられる。離婚を経験した人に離婚の理由を聞こうというわけである。

　しかしながら，全国の離婚経験者を網羅した統計として離婚統計で離婚理由を調べても，そこでとりあげられている離婚理由はきわめて表面的なものにとどまっている。また，経験者の主観的判断には限界があり，同じ離婚でも一方の当事者（たとえば妻）のいう要因と，もう一方の当事者（夫）のいう要因とが一致せず，要因を特定できない可能性が高い。

　では，全国の離婚経験者に聞き取り調査を行って詳細な離婚理由の分析を行えばいいかというと，離婚経験者のリストは存在しない。全国規模で離婚経験者をたずねて歩くのは，実際には不可能に近い。また，離婚経験者で調査に応じてくれる者は多いとはいえず，協力が得られたとしても，その回答者が離婚経験者一般の動向を正確に反映しているかどうかは慎重な判断を要する。

　こうした実現可能性を考慮すると，理念的に「全国の離婚経験者」を母集団とするのは有効な戦略とはいえない。ある程度正確に現実を反映したデータを入手するためには，たとえば「○○町在住の離婚経験者」「○○町在住で，小学生の子どもがいる離婚経験者」と限定しておくとよい。

　さらに，離婚経験者のみを対象としていては，離婚を生み出した要因を検証できない。離婚しない夫婦にも同じ問題があるかもしれないからである。分析にあたっては，比較のための集団すなわち**統制（コントロール）**集団として，母集団と属性が同等で離婚を経験していない，すなわち，結婚を継続している集団にも調査をする必要がある。

若者の離職行動をとらえるには？

かつて，定年まで1つの勤め先で勤め続ける働き方が，日本の男性の典型的な働き方とされていた。ところが今や，若者にも転職が多く，就職先への定着率が低くなっているといわれている。では，どのような若者が仕事をやめやすいのか。逆にいえば，どんな若者なら会社に定着してくれるのかを知りたい。そのためには，

① 職業安定所（ハローワーク）に行って，仕事を探しに来た若者の特徴を調べる。
② ある企業で，継続年数別に社員の特徴を調べる。
③ 学校卒業生を対象に，調査時点までの就労継続状況とそれぞれの特徴を調べる。

のいずれがもっとも適切だろうか？

① のハローワークは，就職斡旋所であるので，来ているのは仕事をやめた経験がある者とは限らない（新規就職者もいる）。それ以上に，あくまで自分で仕事を探している人がくる場であり，親族・知人などの紹介で転職した者，勧誘されて転職した者，そして，仕事をやめて進学するなど転職ではない進路をたどった者が入ってこない。離職経験者のかなり限られた一部のことしかわからない。さらに，離職経験者をとらえられたとしても，離職経験者だけを調査の対象にしていたのでは，得られた結果からは離職経験者のことしかわからず，継続就労者と比べた離職者の特徴はわからない。

② まずは，対象とする企業の規模，業種，企業風土などによって結果が違ってくる。株式一部上場の大規模な著名企業であれば，離職率は総じて低い。また，企業で調査すると，正確な情報が得られない可能性がある。というのは，企業命令による調査であれば，いくら秘密厳守といわれても，「辞めたい」とはいいにくいだろうし，企業側の不都合な内容の調査はしにくい。さらに，この種の調査では，現に勤め続けている者たちが対象になるので，調査時点以前に辞めていった者たちが対象から外れてしまう。おのずと，企業に安定して勤めている者にかたよった対象となる。

③ （旧）日本労働研究機構は，全国35大学63学部の卒業1～10年目までの元学生約56,000人に調査票を郵送し，「大学卒業後のキャリア調査」を実施している（1992年）。この調査では，大学卒業者で卒業後10年間に限られる（最長10年であって，本当はもっと短い）が，その就労キャリアから早期離職者と長期継続者をとらえ，それぞれの特徴を比較検討することができる。ただし，この種の調査では，対象者の確保がきわめて難しい。というのも，卒業後も住所が確認できるような名簿はあまりなく，あっても記載が不正確であることが多い。この調査でも実際に，回収されたのは36％にすぎなかった。

それゆえ，母集団としては学校卒業生を網羅した集団をとる③が，上記の3つのなかではもっとも適切といえるが，調査実現の可能性や便宜性なども考慮して設定する必要がある。

国勢調査

日本でもっとも著名で代表的な調査に国勢調査がある。国勢調査の母集団は「日本の常住する人口」で，3ヶ月以上にわたって日本に住んでいる人全員を対象にしている。「日本人」ではないから，戸籍とは一致しない。在日外国人，長期滞在中の外国人，違法に入国している外国人も対象に入る。また，住民票，選挙人名簿，各自治体の名簿等にそれぞれ記載されている人々とも必ずしも一致しない。

5年に1回（10年に1回詳細調査，間に簡易調査）実施され，実施年の10月1日現在の現住地主義で「常住している」ことが判断される。引越しをした者や別居中の者でも，10月1日時点の住所で調べられる。住所不定者は，10月1日の0時の時点にいる場所で，そこに住んでいるものとして調査される。新生児も，0時前に生まれた者は対象に含まれるが，0時以降は含まれない。

実際の調査は，各世帯に調査票を配布して行われる。調査の対象は1人ひとりの個人だが，実際には各世帯に1枚ずつ（足りない場合は複数枚）の調査票で，世帯の代表1名が調査に回答しており，実施上は世帯単位の調査となっている。

37-38頁に2000年度実施の国勢調査の調査票を掲載したので参照されたい。

（西野）

14 標本調査とは

　調査のターゲットは**母集団**である。それでは母集団にアンケートを配って調査をするかというと，必ずしもそうとは限らない。たとえば，日本人の意識を知りたいと考えて100人選んでたずねる場合，日本人を母集団，実際のターゲットとなる100人を**標本**という。30歳代の女性の行動を理解したいと思って30歳代の女性2千人を選んで調査する場合，30歳代女性が母集団，選んだ2千人が標本である。理論的に調査対象として設定される範囲を母集団というが，実際に調査をする対象集団は標本と呼び分けられる。

　社会調査を調査対象の範囲によって区分すると，対象となるすべての要素をもれなく調査する**全数調査**と，対象の中の一部を取り上げて調査する**標本調査**に分けられる。

　全数調査は，調査対象の範囲に含まれるすべての個体要素をことごとくみな調査するという意味で，**悉皆調査**ともいわれる。全数調査の場合，母集団＝標本となる。代表的な例に，国勢調査がある。国勢調査は，5年に1回，日本に常住する人々を対象に実施されている調査であり，3ヶ月以上の長期滞在中の外国人，違法滞在者やホームレスも含めて，日本に住んでいる人全員にきいている。また，対象が比較的小規模な場合も，その対象となる集団に属する人すべてを調べる全数調査が実施されることが多い。たとえば，小規模な農村での現地調査の場合，当該農村に住んでいる全員に調査をすることがある。ほかに，職場やサークルのメンバー全員に意向をたずねる調査なども全数調査にあたる。

　しかしながら，費用や労力の点からも，母集団に属する全個体に調査するのは困難な場合が多い。10代後半の男子に調査したいからといって，全国の該当する年齢の少年を選び出すのはきわめて困難である。離婚経験者に話を聞きたいといって，離婚を経験した人全員を知る手立てはない。母集団の一部に標本調査を行うことになる（標本調査の方が誤差を求めることができるという利点もある）。

　標本調査は，対象となる母集団全体と選び出す部分との関連性において，いくつかにわけられる。全体（母集団）と同等の性質をもちながら規模を小さくした部分を選び出す，厳密な意味での標本調査がある。もうひとつには，なんらかの意味で全体をよく代表すると考えられる部分を有意に選び出す方法がある。これを，厳密な意味での標本調査と区別して，典型調査とよぶこともある。

　同じように全国に住む人々を対象としていても，国勢調査は全数（悉皆）調査で，日本に住む人すべてに調査を実施するが，**12**でとりあげた「労働力調査」や「就業構造基本調査」は標本調査である。日本社会学会が実施している「SSM（「社会階層と社会移動」全国調査）」や，日本家族社会学会が実施している「NFRJ（全国家族調査）」も，**15**で説明する標本抽出の手続きにそって数千人を選び出し標本としている。また，大都市，中規模都市，町村のそれぞれの代表として，東京○○区在住者300人，△△市300人，××郡300人に調査するという例もある。

　全数調査でも標本調査でも，調査結果から母集団を知ることができなければならない。つまり，標本から得られた結果にもとづいて，母集団全体の結果を推定できなければならない。たとえば，社員旅行の行き先を決めるために社員にアンケートをとるにしても，年配の管理職ばかりに聞いたのでは全社員の意向はとらえられない。厳密にいえば，上記で述べたように，標本は母集団より規模が小さいだけで，母集団と同じ性質をもっていて母集団を代表する集団でなければならない。つまり，標本はその**代表性**が保証されなければならない。**13**にあげた「クイズ100人にききました」でも，10代の若者にききたい，すなわち母集団が10代の若者であれば，10代の若者を代表するような100人を選ばなければならないのである。

（西野）

第Ⅱ部 社会を測る　37

38　14．標本調査とは

15 標本の選び方

標本調査の場合，統計的に母集団を代表するような**標本**を選ぶ手続きが必要になる。その手続きを**標本抽出（サンプリング）**という。現代では，その手続き過程も洗練されてきている。

サンプリング技術が広く普及するようになった契機は，1936年アメリカ大統領選挙にさいしての予備調査であったといわれている。このとき雑誌社リテラリー・ダイジェストは238万人余もの米国民に，民主党のフランクリン・ルーズヴェルト候補と共和党のアルフ・ランドン候補のどちらに投票するかをハガキなどの調査で尋ね，ランドン圧勝を予測したが，結果はルーズヴェルトの圧勝に終わった。一方でギャラップの世論調査会社は，わずか5万人程度の標本抽出によってルーズヴェルトの当選を予測し，見事成功した。これは，リテラリー・ダイジェスト誌がインテリ向けといわれていた自誌の購読者と自動車会社の顧客と電話保有者に調査をしたからである。当時，自動車も電話も，保有者は富裕層に限られていた。とりわけ電話のある家庭は比較的所得の高い共和党支持層が多く，民主党支持者は電話を持つ余裕がない層が圧倒的だった。リテラリー・ダイジェスト社が選んだ標本は，米国民を代表するものとなっていなかったのである。

しかしながら，1948年の大統領選挙の予測では，逆にギャラップ社が失敗。この当時，ギャラップ社は，20代の若者，30代の専業主婦，というように属性ごとに数十人ずつを抽出する割当法で，属性にあう対象者を知人のつてをたよりに芋づる式（雪だるま方式）に選んでいた。調査員がたまたま知っている人にお願いする選び方では正確な代表性を確保できず，失敗したものである。こうした失敗を反省し検討する過程を経て，ようやく科学的な標本抽出の方法が確立されていった。

なにによって抽出するか？──抽出台帳──

1948年当時のギャラップ社の調査では，条件に合う対象者を手当たり次第に集めていた。それでは統計的に代表性が確保できる標本にはならない。確率的に母集団を代表する標本を選ぶためには，選ぶための**抽出台帳**が必要となる。ある企業の社員調査であれば，その企業の社員名簿がまずは台帳になるだろう。サークルの調査であればそのサークルの名簿である。

では，住民調査の場合，なにを台帳にするといいだろうか。日本では，①戸籍，②住民票（住民基本台帳），③選挙人名簿，④民間調査会社が収集・所蔵している名簿，⑤行政体（保健所等）の名簿，⑥電話帳，⑦町内会名簿などがあげられよう。①戸籍には日本国民が掲載されているが，戸籍と現住所とは対応していないケースが多い。②住民基本台帳は現住地に登録が義務づけられているため住民を把握できる名簿であるが，閲覧には事前に申し込むなどの手続きが必要で，基本的に有料である（**21**参照）。また，調査目的の閲覧ができない自治体も近年増えている。それにかわって近年よく利用されているのは③選挙人名簿である。これには，20歳以上の選挙権を有する住民の氏名・住所・性別・生年月日が記載されている（日本国籍を持たない者，住民票により住民登録を行っていない者，移動してからの期間が短い者は除外）。選挙管理委員会が作成・保管しており，選挙が近いと閲覧できない。また，選挙後時間がたっていると情報が古い。しかしながら，学術研究調査と認められれば閲覧は無料であるし，投票区ごとに冊子化されていてサンプリングが比較的容易である。④以降の名簿は，特定の目的の下に作成された名簿であるので，全住民が含まれているわけではない。電話帳も，近年では掲載していない保有者や，携帯電話しか持っていない者が増えているので，台帳としての使用には慎重な考慮が必要となる。

どうやって抽出するか？——サンプリング——

サンプリング（標本抽出）は大きく，有意抽出とランダム・サンプリング（無作為抽出）の2つにわけられる。**有意抽出**とは無作為ではなく，なんらかの意図が混入している選び方である。標本が選ばれる確率が一定ではないという意味で，**非確率標本抽出**ともいう。たとえば，公立小学校を対象に調査をしたい時に，もっとも代表的ないしは典型的といえる数校を選ぶ方法である。また，調査者があらかじめよく知っている学校を選んで依頼する方法や，調査者の近隣の学校に依頼する方法も，調査者の都合によって決める便宜的な方法で有意抽出にあたる。では，公立小学校の名前を1枚ずつ紙に書いて箱に入れ，手探りで選ぶ方法はどうか。なんらかの意図は排除されているが，実はこの方法も有意である。というのは，偶然性に左右されているからである。無作為とは，作為をしていなければいいのではなく，作為を積極的に排除しなければ実現できない。

無作為抽出（ランダム・サンプリング）は，標本が選ばれる確率を一定に保っていることから，**確率標本抽出**ともいう。大きく分けると，2つの方法がある。1つは，**単純無作為抽出法**である。乱数表を利用するか，コンピュータで乱数を作成して，その乱数にしたがって台帳から抽出する。偶然ではなく，あくまで無作為状態をつくらなければならない。2つめは，**系統抽出法**である。等間隔抽出法ともよばれるように，この方法では，最初のサンプルだけ乱数表やくじで選び，2番目以降は等間隔でサンプリング台帳から機械的に抽出する。100分の1抽出であれば，100以下の数をまず乱数から選ぶ。それが51だったら，151，251，351…番目を台帳から抜き出していく方法である。

実際には，この無作為抽出を，母集団をいくつかに分けた上で実施する方法がよくとられる。代表的な方法を3つ説明しておこう。まず第1が，**多段抽出法**（副次抽出法）である。たとえば北海道全域を対象として1000人に1人ずつ選ぶなど，人数が多く抽出間隔が広い場合，まず一部の市町村をランダム・サンプリングし，必要に応じてその中から一部を投票区，大字，町丁目などで抽出し，最後にその中に住む人を系統抽出する（この場合は3段抽出になる）。

第2は，**確率比例抽出法**である。多段に分けた時に単純に系統抽出するのではなく，段ごとの人口規模に応じて市町村や字，人を選ぶ方法である。たとえば，東京23区内の住民調査をするときに，各区から1000人ずつ選び出すのではなく，各区の人口規模に応じて○区からは○人，△区からは△人……と選ぶ方法である。

3番目は，**層化抽出法**である。母集団をいくつかの部分に分けて（層化し），その各層から層の代表性を考慮して選ぶ方法である。産業構造と人口規模，地域属性によって層化する場合が多い。最初に大都市・中小都市・郡部といった層化を行い，第1段階のサンプリングでは，この各層の大きさに応じてランダムに地点をサンプリングし，第2段階においてその選ばれた地点からふたたびランダムにサンプルを選ぶなどである（この場合は層化2段抽出になる）。

サンプリングの方法は，統計技法の進歩とあわせて工夫されつつあり，いかに代表性を確保したサンプリングができるかをよく検討することが必要である。一方で，必ずしも無作為抽出が必要ではない場合も多々ある。母子家庭や失業経験者に調査したい場合，彼らを網羅した台帳は存在せず，無作為抽出は難しい。無作為に住民を選び出して該当者をリストアップすることもできるが，効率が悪い上に，住民に家族構成や失業経験だけをまずたずねては，拒否を招くことが容易に予想できる。調査の目的に応じて有意抽出が必要な場合もあることを忘れないでおきたい。

刺激的な見出しと解説ともっともらしい数値が示されていても，しっかりみるとサンプリングに問題がある調査が少なくない。目標に達するまで予備標本を投入する方法も頻用されている。調査の結果ばかりでなく，その対象がどう選ばれているかという手続きにも気を配ろう。

（西野）

参考文献
谷岡一郎『「社会調査」のウソ』文芸春秋，2000

16 調査方法の選び方

調査方法の分類方法は着眼点によっていくつかある。まずは，調査票を誰が記入するかによって，**自記式**と**他記式**にわけられる（**17**参照）。調査実施の時間軸に着目した分類として，縦断調査と横断調査という分け方もある。もっとも頻繁に用いられる分類は，調査実施並びに調査票の配布回収の方法に着目した分類で，面接，留置，郵送，電話，集合，託送，ファックス，インターネットの8つにわけられる。

8つの方法のいずれをとるかは，調査の意図，実施の条件などさまざまな事情によって選択される。それぞれの方法の長所・短所を理解した上で，条件に応じた最適な方法を選択することになる。その長所・短所とは何か。①回答内容の信頼性，②調査の量的制約，③調査員の影響，④コスト，⑤回収率（**27**参照）の面から，それぞれの調査について整理していく。

面接調査

まず**面接調査**をとりあげる。面接調査は，調査者と対象者が実際に面会して行われる調査である。

① 調査者の目の前で回答してもらうので，対象者本人に事実をその場で確認しながら調査を進めることができ，回答内容の信頼性はきわめて高い。

② 調査内容も，面会時間さえ許せば，相当量の調査が可能であり，量的許容度は大きいといえる。対象者と調査員が同席するので，それほど長い面会時間は迷惑になる可能性が大きいが，対象者に快く受け入れてもらえるなどの条件が整えば，相当長い調査も可能なケースがある。数時間にわたる面会**インタビュー調査**も珍しくない。

③ それに応じて，調査員の影響は大きい。直接に会って顔を見合わせての相互作用がある以上，面接員の印象ならびに技術力が調査に及ぼす影響は大きいといわざるをえない。調査員と対象者との良好な関係性である**ラポール**を形成できるかどうかも，面接の場合は重要である（**50**参照）。実際に，アメリカでの実験例で，黒人と白人の調査員に訓練を施した上で，「あなたは，それにふさわしいと思われる力量があれば，黒人が大統領に選ばれることに賛成しますか，しませんか」という質問をさせたところ，黒人の調査員が白人対象者にこの質問をした時の方が，白人調査員が白人対象者に同じ質問をしたときに比べ，はるかに肯定的な回答が多かった（谷岡一郎『「社会調査」のウソ』文芸春秋，2000，pp.158-159）。「黒人」と「白人」を「女性」と「男性」に置き換えても，同じことがいえる。

④ また，調査員が一軒一軒まわって歩くため，調査にかかるコストはかなり高い。⑤しかしながら，面会の利点として，回収率は総じて高い。近年の風潮では面会が嫌われる傾向もあるが，いったん調査員が対象者と出会うことができれば応じていただける確率は高い。この回収率の高さゆえに，面接調査をもっとも推奨する方法論のテキストも少なくない。

留置調査

留置調査は，調査員が対象者のところに行って調査票を配付してそこに留め置き，後日回収する方法である。調査自体は，対象者の都合のいいときに調査員不在で行われ，記入された調査票を調査員が回収することになる。調査員は，たとえば対象者の家族に会って調査を依頼し，対象者に会わないこともある。国勢調査はこの方式をとっている。

① 調査票への記入時に調査員が立ち会うわけではないし，依頼も対象者本人に直接できるとは限らないので，身代わり回答が相当数出る危険性がある。夫への依頼であるが，妻が代わりに答えてしまうことなどよくある。その点では，回答内容への信頼性は面接調査ほどはないが，回収時に調査員がチェックするので，ある程度の誤記入や記入漏れは防ぐことができる。

② 対象者が都合のいいときに回答するので，

ある程度の量の調査が可能である。ただし，調査員不在で回答するので，複雑な質問はできない。

③　調査員がいないことから，調査員の影響もあまりない。

④　また，面接調査より調査員の時間をとらないので，面接調査よりコストもかからない。それでも，調査員が配付・回収に回るので，他の方法に比べればコストは高い。

⑤　回収率は比較的高い。面会しなくてすむので，面接調査より高いほどである。

郵送調査

郵送で行う調査である。①対象者と面会する機会はなく，対象者自身が回答したかどうかは確定できない。通常は無記名で返送され，記入ミスや記入漏れなど回答内容に不備があっても，それを補填する方法はない（まれに回答内容について再度郵送で質問する調査もあるが，その場合は記名式の調査になり，拒否率が高まる）。②葉書であれば，葉書の片面に入るだけしか質問できないし，封書にするにしても，あまりに厚い調査票になっては拒否を招くだけである。郵送の場合は調査量に関して慎重にする必要がある。通常，郵送での調査はＡ４版の調査票で4頁程度，多くても6頁程度に制約される。調査内容も，複雑な質問やわかりにくい質問はできない。間違った回答が帰ってきても，それを修正することはほぼできないからである。

このように，回答の信頼性，量ともに制約の多い方法ではあるが，③調査員の影響はまったくない。④コストも，郵送費と封入などの作業経費のみなので，きわめて安い。⑤ただし，回収率がきわめて低い。通常の郵送調査では4割程度である。郵送はよく採用される方法ではあるが，回収率が半数以下では，得られた結果から全体をよみとってしまっていいかどうか，結果の信頼性において慎重にならざるを得ない。

電話調査

電話調査とは，その名の通り電話で行う調査である。新聞社やテレビなどマスコミが実施している世論調査の多くは電話で行われている。対象は電話保持者に限られ，電話普及率が低い場所での実施は慎重を要する。また，週日の昼間に実施すれば回答者は高齢者や専業主婦に偏る。電話帳を台帳に抽出した場合には電話番号公開者に対象が限定される（近年ではランダムに電話番号を選択するシステムがとられている場合が多い）。①電話を介して直接に対象者と話ができるので，回答内容の信頼性は高いかに思われるが，音声だけなので対象者本人だという確約はない。②電話では調査時間が短時間に制約されるので，きわめて少数の質問に限られる。音声だけなので，複雑な質問もできない。③音声だけとはいえ，調査員の話し方や使う方言，声の印象などから，対象者に与える影響は小さくはない。④電話をかけるだけで調査ができるので，コストはきわめて安くすむ。⑤もっとも安くできる調査ゆえに採用されることが多いが，最大の問題点は回収率の低さである。電話では断るのも気軽であるのか，また電話での押し売りなどが日ごろから多いからか，電話での拒否率はきわめて高い。

集合調査

集合調査は，対象者を一箇所に集めて実施される調査である。たとえば学校の教室で調査票を配付して記入してもらったり，集会所に対象者を集めて一斉に質問を読み上げて回答を記入してもらうなどの方法がある。①対象者を一同に集めているため，本人が回答している確実性はあり，真剣に調査に回答する雰囲気をつくることができれば，回答の信頼性は高まる。逆に，会場の雰囲気が悪かったり，集団ゆえに皆でふざけたり茶化したりする動きがあれば，回答に負のバイアスを及ぼしかねない。②集合した場所で回答してもらうので，大量の調査をするというわけにはいかないが，調査の量的制約は小さい。時間が確保できれば，ある程度の量の調査を実施できる。

③また，調査者がその場に居合わせるので，調査者の影響がないわけではないが，一斉に調査するのでその影響は対象者に対して均一に及ぼされ

る。④コストも，学校など対象者がすでに集合している場所で実施すれば，ほとんどかからない。⑤回収率も，その場合はきわめて高くなる。

ただし，集合調査を実施できるケースは限られている。住民調査を集合で実施するには，住民を集めるか，住民が集まっている機会を利用するしかない。住民を調査のために集めようとしても，調査に意欲的な一部の住民しか答えてくれないだろう。一方で，町内会の余興など住民が集まっている場で調査をさせてもらえたとしても，同様に集まっている住民に偏りがあることは否めない。学校調査など特殊なケースではきわめて有益な方法であるが，汎用性が高くない点に注意が必要である。

託送調査

集合調査がある場所に対象者を集めてそこで実施する調査であるのに対し，ある場所ないしは組織で調査票を配布して実施する調査を**託送調査**という。既存の集団や組織を利用して，そこで調査票を配布してもらう方法である。たとえば，学校で先生を通じて生徒に調査票を配布し，生徒は家に持ち帰って親に記入してもらい，後日学校に持参する。会社で社員に配布し，後日指定の箇所に提出・回収する方法などである。

① 調査票を持ち帰って回答してもらうので，回答内容の信頼性は高いとはいえない。なによりも，既存の組織を通じて配布する場合，その組織が回答になんらかの影響を及ぼすかもしれない。会社が実施している調査だからと対象者である社員が考え，会社に不都合な回答を避ける，などである。

② 自宅で都合のいいときに記入すればいいので，調査の量的制約は小さくてすむ。ただし，複雑な質問やわかりにくい質問はできない。

③ 調査員が対象者に接触する場面はきわめて限られるので，その影響はあまりない。むしろ，①で述べたように，調査を委託された組織の影響が大きい。

④ その影響を排除でき，委託できる集団や組織があれば，この方法はきわめてコストをかけずに実施できる。調査票配布を委託してしまうので，特別な委託費がかからない限り，配布・回収の経費を大幅に節約できる。

⑤ また，委託した組織によっては，回収率は高い。学校などで実施する調査は，きわめて高い回収率が期待できる。一方で，任意団体などゆるやかな集まりに委託すると回収率は低いことが多い。委託先の特徴が回収率にまで影響してしまう点では問題があるが，信頼できる委託先を確保できればメリットも多い方法である。

ファックスによる調査は，ほぼ電話調査と同様である。わざわざファクシミリで返信をしてもらわなければならないので，電話調査以上に回収率が低く，得られた結果の代表性にはかなり慎重な考慮が必要であろう。同じく**インターネットで行われる調査**も，インターネット利用者であり，かつ，回答を寄せようとする積極的な意見がある人に回答者が限定されるので，得られた結果の解釈には慎重にならざるを得ない。とりわけインターネット調査は，ほとんど無料で実施できる点，回収がすばやくでき，結果をすぐに電子情報化できる点で魅力的なため，近年採用されることが多くなってきているが，インターネットの普及度に応じて回答の信頼性を判断する必要があるだろう。

上記の方法は，いずれか1つを選択するというわけではない。たとえば，調査員が対象者宅へおもむき，一部をその場で調査し，残りを留め置いて後日郵送で返却してもらうという方法もありうる。対象者を一堂に集めて説明して調査票を配付し，後日郵送で返却してもらう方法もある。あるいは，調査票を郵送しておき，後日調査員が訪問して回収する方法もある。調査の意図や調査したい内容や量，人的・金銭的・時間的コストなどの諸事情をふまえて，上述の特性を考慮して最適の方法を選ぶべきである。

(西野)

17 調査票のつくり方

調査票の種類

社会調査では，質問や回答選択肢などを印刷した質問紙を**調査票**という（調査表ではない！）。その際，調査者が被調査者に質問しながら回答を記入していく**他記式**と，被調査者が自分で記入する**自記式**とがある。

質問から回答の選択肢まであらかじめ準備されており，該当箇所に○をつけたり，数値を記入する形式になっていることを「構造化されている」と表現する。**構造化された調査票**による調査では，調査員はその調査票を読みあげる方式で調査を実施する。一方で，あらかじめ決めておいた質問をなげかけた上で，回答は対象者に自由に語ってもらう方式や，質問する項目だけは事前に決めておいて，質問の仕方は調査現場で適宜変更してもいい方式がある。その場合の調査票は，**半構造化されたもの**という。さらに，アンケート方式ではない，すなわち，**構造化されていない調査票**を用いる方法もある。**インタビュー**の場面で，話の内容や流れによって質問内容を臨機応変に変更していく方式などである。

調査票が構造化されているほど，多数の対象者に一律に調査を実施できる。構造化されていないと，必要に応じて質問を重ねたり，その都度適切な質問を加えたり，逆に不用な質問を省略し，対象とする事象の奥深くまで接近することが可能になる。ただし，それには調査員の訓練された技能が必要となる。構造化されていないほど，調査員の技能が問われるといえよう。構造化されていない方がむしろ，聞きたいことを明らかにしておくなどの事前の準備は周到になされるべきであろうし，調査員には適切な訓練がなされていることが必須条件となる。そうでなければ意味のある調査はできない。

調査票の体裁

調査票の体裁は実にさまざまである。大きさやカラーは，対象者が回答しやすいよう，また調査票を識別しやすいよう工夫されている。

表紙の最初には，調査名（「○○調査」など）と調査実施の主体名（調査を行っている側の個人や団体の名称など）が記載される。簡単な挨拶の後に，質問に入る。調査票と別に依頼状や説明の用紙を添付しない場合には，調査票自体の最初の簡単な挨拶の部分に，記入上の注意や回収の方法と締め切りなども記載しておく。

質問の最初には，対象者の出生年（年齢），性別，場合によっては氏名や住所，家族構成等の基本的な属性を記載する箇所が続く。この基本属性をたずねる部分を**フェイスシート**という。フェイスシートの内容は，分析の段階で基本的な軸となる事項でもある。最初にプライベートなことをたずねるのがためらわれるという理由で，調査票の最後にフェイスシートが配置されることもある。

たとえ対象者自身に記入してもらう自記式の調査票であっても，調査員は返却後の調査票を点検し，必要な事項を書き加える（**24 26**参照）。調査員が調査票に第一の責任を負うという意味で，また，後日調査票の内容について質問をうける場合にそなえて，調査票には調査員の氏名の記入欄も設けておくべきであろう。また，調査は匿名を基本とするので，調査票には識別のための通し番号が振られる。これを**サンプル番号**という。このサンプル番号の記入欄もあらかじめ設けておく。ほかに，データ入力時にそれぞれの回答内容を入力する場所を示すコラム番号を，質問文や回答選択肢の末尾に小さい文字で記入しておく場合もある。

そして，調査票末尾には，協力へのお礼と，記入漏れの点検をお願いする一文を入れておくのが礼儀である。

（西野）

○○○についての全国調査

平成17年1月

【調査実施】○○大学○○学部　東西 太郎
〒111-2222 東京都文京区○○1-2-3
電話：03-×××-××××

地 点 番 号	サンプル番号	調 査 員 名	点 検 者
① ② ③	④ ⑤ ⑥ ⑦	（　　　）	

――――[ご記入に際してのお願い]――――

- ご記入は、鉛筆または黒・青のペン・ボールペンでお願いいたします。
- 質問番号順にお答えください。質問の中には、一部の方にだけおたずねするものもありますが、その場合は（→　）等の指示にそってお願いいたします。
- お答えは、あてはまる回答についている数字を○印で囲んでいただく場合と、マスの中に数字を記入していただく場合があります。「その他」にあてはまる時は、その数字を○で囲み、（　）内に具体的な内容を記入してください。
- お答えの中には、「昭和30年」といったように年号を記入していただく場合があります。元号（明治・大正・昭和・平成）の番号を○で囲み、□内に数字を記入してください。
- 質問文の末尾に（○は1つ）という場合には**1つだけ**、（○はいくつでも）という場合には**いくつでも**○印をつけてください。
- ご記入が終わりましたら、もう一度、記入まちがいや記入もれがないかどうかお確かめください。

- ご回答いただきました調査票は＿＿月＿＿日に私、＿＿＿＿＿＿＿＿＿＿＿＿がいただきにうかがいます。なにとぞ、それまでにご記入くださいますようお願いいたします。

⑧⑨⑩=201

■　まず、あなたご自身のことについておうかがいします。

問1　あなたの性別は……。（○は1つだけ）

　　　　　1　　　　　　　　　2
　　　　男 性　　　　　　　女 性　　　　　　　　　　　⑪

問2　あなたの生年月と年齢をご記入ください。（数字を記入してください）

　　　昭和 □□ 年 □□ 月 生まれ　現在 □□ 歳
　　　　　⑫⑬　　　⑭⑮　　　　　　　⑯⑰

問3　あなたの現在のお住まいは次のどれにあたりますか。（○は1つだけ）

1　持ち家（一戸建て）　　　　　　4　民間の借家または賃貸アパート
2　持ち家（マンションなどの集合住宅）　5　社宅・公務員住宅などの給与住宅　　⑱
3　公団・公社・公営などの賃貸住宅　　6　その他（具体的に　　　　　　）

〔1〕

18 質問文のつくり方

　質問文は，ささたいことをそのまま文章にすればいいかというと，それほど簡単ではない。対象者に誤解を与えないように，かつ，わかりやすいように質問をしなければならない。質問のほんの一部が違うだけでも，得られる結果は大きく異なる可能性がある。ここでは，実例を挙げながら説明していこう。次の質問のどこが不適切で，どのように直したらいいだろうか？

　問1　きょうだいは何人いますか。

　一見簡単にみえるこの質問のどこがいけないか？「きょうだい」という表現が不明確である。対象者自身を含むきょうだい人数と，含まない人数のどちらを答えればいいのかわからない。「ご自身を含めた（あるいは含まない）人数でお答え下さい」と付記しておくべきである。

　問2　あなたの出身地はどこですか。

　これも「出身地」があいまいである。生まれた場所なのか，育った場所なのか，親がいる場所なのか。育った場所としても，幼少期か学童期か。いったいいつ頃を念頭にたずねているのかを明確にしておかなければならない。使用する**言葉はすべて明確**にしておかなければならない。

　問3　あなたは，キャリアウーマンになりたいと思っていますか，それとも思っていませんか。

　「キャリアウーマン」という言葉には，プラスのイメージを持つ者とマイナスのイメージを持つ者がいる。このような，本来の意味内容とは別の特別な価値的ニュアンスを持つ単語を使ってはならない。すなわち，**ステレオタイプの言葉を含んではならない**。そのニュアンスにひきずられて回答がゆがむからである。

　問4　あなたは，生殖医療に関心がありますか，それとも関心がありませんか。

　難しい言葉も使ってはならない。上記の「生殖医療」などは，何を指しているのかわからないや，誤解している人がまだ多いだろう。

　問5　あなたは，一緒に出かけたり悩み事を相談する友人が何人いますか。

　この質問にあなただったらどう答えるだろうか。一緒に出かける友人数を答えるか，悩み事を相談する友人数を答えるか，はたまた両方を兼ね備えている友人数か，どちらかでもできる友人数か。1つの質問文に2つの論点が含まれていることを**ダブル・バーレル**という。1つの文に争点は必ず1つでなければならない。この場合であれば，一緒に出かける友人数と悩み事を相談する友人数とを別々の質問で聞くか，両方ができる友人数，どちらかでもできる友人数と，明確に表現すべきである。

　問6　脳死からの臓器移植が広く行われるようになることに賛成ですか，それとも反対ですか。

　脳死からの臓器移植が広く行われるようになることへの賛同を問うている。臓器移植には賛成だが，広く行われるようになるのには問題がある（提供を迫るなどの問題が生じるから）と思っている者は，正確にはこの問いには反対と答えるべきところであるが，どうだろうか。この場合も，臓器移植への賛同と，それが広まることへの意見の2つの質問に分けた方が親切だろう。

　問7　あなたは，今後の日本社会において，IT革命を推進すべきだと思いますか。

　上記の「IT革命」も難解な用語にあたる。もうひとつ，「推進すべきだと思いますか」とたずねた場合の「はい（推進すべき）」という回答比率

と，「推進すべきではないと思いますか」とたずねた場合の「いいえ（推進すべき）」という回答比率は同じにはならない。質問の仕方によって生まれる相違である。人間には「はい」と答える傾向（Yes-tendency）があるので，質問は「〜だと思いますか，それとも思いませんか」「〜に賛成ですか，それとも反対ですか」というたずね方をすべきである。

問8　日本では国債の発行額がふくれ上がっています。外国への経済援助のあり方について，あなたはどうお考えですか。

これは**誘導質問**にあたる。はじめに「日本では国債の発行額がふくれ上がっています」といわれてしまうと，国家予算を緊縮する方向に人々の気持ちが傾き，海外援助を支持する回答は，本来の支持率より当然低くなる。これは実は調査でよく使われる常套法でもある。質問の仕方を工夫して，期待する方向に回答を導くというわけだ。もちろん本来あってはならない手段であり，あまたある調査の中でそのようなインチキ調査を見極める目も必要だ。

問9－1　少年犯罪が凶悪化していると思いますか。
問9－2　親が子どもを育てる能力が落ちてきていると思いますか。

これも誘導質問である。このように複数の質問にわたって誘導が行われる場合，前の質問の効果が後に続く質問に及ぶという意味で，その効果を**キャリーオーバー効果**という。

問10　「男も家事をするべき」と思いますか。

Yes-tendency の問題もあるが，もうひとつ，この質問には，対象者自身がどうしたいかという個人的な意見を答えればいいのか，それとも，一般に社会ではこうあるべきと考えられているだろうという回答でいいのか。対象者自身の個人的な意見や行動，ホンネの部分を問うているのか，それとも，対象者が社会に対して抱いている一般的な意見，認識を答えてほしいのか。質問の照準が行動か意識か，またそれが**個人的な水準のことか社会的な水準のことか**を明確に指示しておかなければならない。

問11　あなたはよく親と話をしていますか。

親とは父か，母か，それとも両親か，どちらでもいいのか。「話をする」とは，挨拶だけでもいいのか，それとも深刻な相談を指すのか。「よく」というのは，あなたが「よく話している」と思っている認知上の程度でいいのか，それとも誰かと比較して「よく」なのか。このようにあいまいな表現で質問すると，得られたデータを結局は解釈できず，使えないことになってしまう。

問12　あなたの帰宅時間を教えてください。

昨日の帰宅時間を答えればいいのか，それとも，平均的な帰宅時間か。平均的といっても，年間を通じての平均と季節ごとの平均では異なる場合もあるだろう。昨日というように特定の行動や状態は actual base で，普段の行動や状態は usual base で問題にしていることになる。24時間制で答えてもらうのか，12時間制かも忘れずにあらかじめ指示しておきたい。

　質問文や回答選択肢は，上述の諸点に注意しながら練りあげる。他の調査で広く用いられている質問等も参考にするとよい。なかには，標準的な（スタンダード）質問が完成されている項目もあるので，よく調べておくこと。また，新しくつくった質問文は，事前に小規模な標本でテストしておこう（**21**プリテスト参照）。

（西野）

19 選択肢のつくり方

質問に対する回答の仕方は，被調査者が回答を自分の言葉で表現して記入する**自由回答式**と，回答の仕方をあらかじめある一定の枠で用意しておき，被調査者には用意された中から選んでもらう**選択肢式**とがある。

選択肢式でもっとも頻繁に用いられるのは，いくつかの回答を並べておいて，そこから選んでもらう方法である。なかでも，2つの回答のうちのどちらかを選ぶ**二者択一法**（はい／いいえ，賛成／反対，そう思う／思わないなど）と，いくつかの選択肢の中から選ぶ**多肢選択法**がよく用いられる。多肢選択法の場合，1つだけ選ぶ単一回答と，2つ以上の回答を選ぶ複数回答では，データ処理が異なる（**26**参照）。

ほかにも，次のような方法がある。

分類法……多数の項目をいくつかのカテゴリーに分類させる。
　例：多種の食べ物を列挙して，好き・嫌い・どちらともいえない，の3種に分類させる。

順位法（序列法）……多数の項目に序列を付ける。
　例：プロ野球の球団を並べて，もっとも好きな球団，2番目に好きな球団，3番目に好きな球団を記入してもらう。

評定尺度法……回答を一定の間隔をもった尺度として示し，被調査者にそのいずれかを選択させる。
　例：（次項**20**参照）。

多数の標本に調査をする場合や，量的な分析を志向する場合，通常は選択肢式を採用する。一方，適切な選択肢をあらかじめ用意することが困難であったり，調査の意図がもともと問題発見的で，複雑な事象の全体像や因果関連をほり下げて取り出すことを求めている場合などは，自由回答式を採ることが推奨される。

選択肢式でも，次の例のように，一部に自由回答式を用いる方法もある。
　例：1.同居　2.別居　3.その他（具体的に　　　）

選択肢作成上の注意

選択肢によって結果が左右される場合もある。たとえば，

質問　以下の中で最も好きな食べ物を選んでください。

A　1. 煎餅　2. 団子　3. 大福
　　4. あられ　5. ケーキ

B　1. 煎餅　2. クッキー　3. キャンディ
　　4. アイスクリーム　5. ケーキ

同じ標本にAとBで2回調査すると，Aで「1.煎餅」が選ばれる比率より，Bで「1.煎餅」が選ばれる比率の方が高くなるだろう。Aでは和菓子好きが分散するのに対し，Bでは選択肢1に集中するからである。このようなトリックを使って結果をゆがめた調査もないわけではない（谷岡一郎『「社会調査」のウソ』文芸春秋，2000, pp.8-9）。

では，選択肢作成において注意すべき点は何か。2つ以上の選択肢を用意しておいて，そこから選んでもらう以上，選択肢は**排他的かつ網羅的**でなければならない。どの選択肢が最適か判断がつかない，あれにもこれにもあてはまるという，相互に排他的でない選択肢はよくない。また，どれにもあてはまらないという網羅的でない選択肢も不適格である。

以下の例題の選択肢の不備を発見してみよう。

問1　あなたには，どれくらいの年齢のお子さんがいらっしゃいますか。以下の中から，あてはまるところ1つに○をつけてください。
1. 子どもはいない
2. 未就学の子どもがいる
3. 就学中の子どもがいる
4. すでに働いている子どもがいる

5. すでに結婚した子どもがいる

問2　あなたの趣味を教えてください。
1. スポーツ
2. 音楽
3. 書道・華道・茶道
4. 読書
5. 映画鑑賞・ＴＶ観賞

問3　もっとも親しい友人と会う機会はどの程度ありますか。この1年間を平均してお答えください。
1. 毎日
2. 週3～4回
3. 月に1～2回
4. 年に1～2回
5. まったくない

問4　結婚した女性が職業をもち続けることについて，どのようにお考えでしょうか。あなたのお考えに一番近いものを1つ選んで，番号に○をつけてください。
1. 結婚しても，できる限り職業をもち続ける方がよい
2. 出産したら，家庭を守ることに専念した方がよい
3. どちらともいえない

問5　あなたの現在のお住まいについて伺います。現在のお住まいは，以下のどれにあてはまりますか。
1. 持ち家
2. 借家
3. マンション
4. アパート

ヒントと改善例は以下の通り。

問1　子どもが2人以上いたら，2つ以上の選択肢が選ばれてしまう。
1. 子どもはいない
2. 1番上の子どもが未就学
3. 1番上の子どもが就学中
4. 1番上の子どもがすでに学校を卒業した

問2　あいまいで，かつ，網羅的でない。
1. スポーツをすること
2. 楽器演奏
3. 書道・華道・茶道
4. 専門施設でのスポーツ観戦・音楽鑑賞・映画鑑賞等
5. 読書
6. ＴＶ観賞
7. その他（具体的に　　　　　　）

問3　網羅的になっていない。
1. ほぼ毎日
2. 週に3～5回程度
3. 週に1～2回程度
4. 月に数回程度
5. 年に数回程度
6. まったくない

問4　相互排他的でも網羅的でもない。
1. 結婚・出産しても，できる限り職業をもち続ける方がよい
2. 結婚して以降は，家庭を守ることに専念した方がよい
3. 出産して以降は，家庭を守ることに専念した方がよい
4. 結婚・出産・子育て期には家庭を守ることに専念するが，いずれは再び職業をもつ方がよい
5. どちらともいえない・わからない

問5　相互排他的でない。
1. 持ち家一戸建て
2. 借家一戸建て
3. 持ち家・集合住宅
4. 賃貸・集合住宅
5. 社宅・給与住宅
6. 寮など
7. その他（具体的に　　　　　　）

（西野）

20 尺度のつくり方

　前節の選択肢式のなかで，得られた回答を量的に分析するために，あらかじめ選択肢を注意深く用意しておく方法がある。選択肢はあくまでカテゴリーであるが，そのカテゴリーを**尺度**すなわちスケール（測度）として設定しておくと，得られた回答を数量すなわち連続変数にみなすことができるからである。
たとえば，

　A　1.　よくあてはまる
　　　2.　まああてはまる
　　　3.　あまりあてはまらない
　　　4.　まったくあてはまらない

という選択肢によって得られた回答は，「よくあてはまる」を4点，「まああてはまる」を3点，「あまりあてはまらない」を2点，「まったくあてはまらない」を1点に読み替え，あてはまり度という量的変数として扱うことができる。
　尺度は以下の4点によって多様に構成される。
① 言葉で表示するかスケールで表示するか。
② 中間の選択肢を用意するか否か。
③ いくつの選択肢を設定するか。
④ 1以上，0以上，マイナスを含むなど，どのような数量に変換するか。

① 言葉で表示するかスケールで表示するか
　上記のA例は，4つの言葉で表現し，そこから選ぶよう指示している。一方で，以下のようにスケールで表示する方法もある。スケールの中のもっとも当てはまる場所に○をつけてもらう方式である。

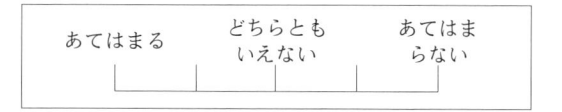

あてはまる	どちらともいえない	あてはまらない

　同等の標本に同じ質問を，言葉方式とスケール方式の2種類の選択肢で回答してもらった結果（図20-1）をみると，回答に違いが出ている。

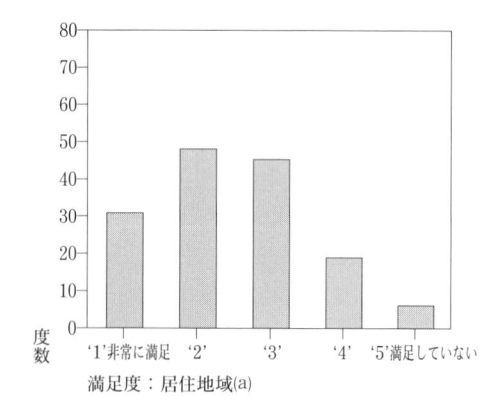

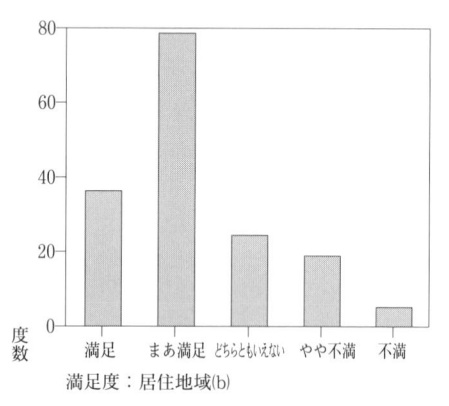

図20-1　尺度表示による差の例

JGSS(Japanese General Social Surveys)の予備調査（1999年2月）で，同旨の質問を2種類用意し，サンプルをランダムに二分して回答してもらった。上の例では両端に「非常に満足」と「満足していない」が表示してあるだけだが，下の例では5段階の選択肢それぞれに「満足」「まあ満足」などと具体的に表示している。そうすると，（特に日本では）「まあ満足」という選択肢を選ぶ人が多い。

谷岡一郎『「社会調査」のウソ』文芸春秋，2000, p.169.

② 中間の選択肢を用意するか否か
　「どちらともいえない」を意味する真ん中，中立の選択肢を含む場合と含まない場合がある。中間の選択肢を含めると，数列でいえば0を含むことになるので，強弱，高低などを示す尺度としての完成度は高まる。一方で，中間の選択肢は容易に選ばれやすいため，回答が中間に偏るなど分散が小さくなり，データとしての扱い方が難しくなる可能性が大きい。
　実際に，図20-2を見ると，中間の0を設けなかった場合（上図）と設けた場合（下図）とでは，

結果が異なっている。

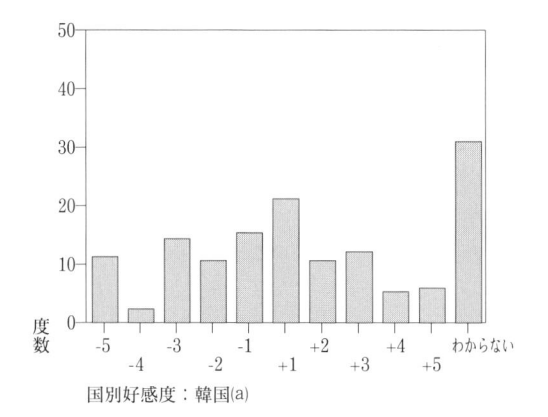

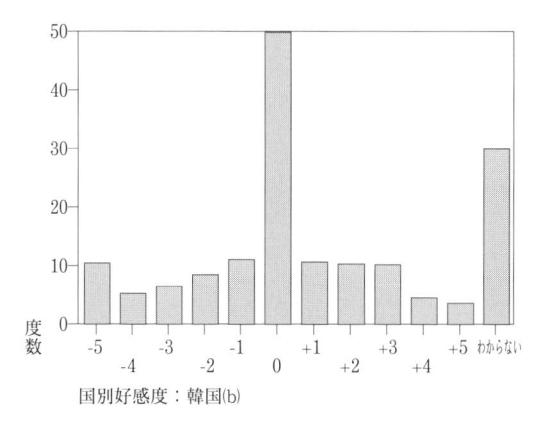

図20-2　尺度設定による差の例

JGSS(Japanese General Social Surveys)の予備調査(1999年2月)で,同旨の質問をランダムに2種類用意して比較したもの。下のグラフは好感度に「ゼロ」が加わっているが,この選択肢があると圧倒的にこれが支持されることがわかる。

谷岡一郎『「社会調査」のウソ』文芸春秋,2000,p.170.

③　いくつの選択肢を設定するか

2つ以上の選択肢が設定可能である。中間の選択肢を含む場合は,3,5,7……と奇数の選択肢,含まない場合は2,4,6……と偶数の選択肢から構成されることになる。選択肢の数があまり小さいと量的変数として扱いにくくなるが,多すぎると回答しにくくなる。

④　1以上,0以上,マイナスを含むなど,どのような数量に変換するか

たとえば3つの選択肢なら通常は,1・2・3点と,0・1・2点と-1,0,1点のいずれかに変換できる。どう変換するかは,選択肢の内容に依存する。「好き」「まあ好き」「とても好き」なら1・2・3点,「嫌い」「まあ好き」「好き」なら0・1・2点,「嫌い」「どちらともいえない」「好き」なら-1・0・1点への変換が考えられる。

--- 社会的態度の測定 ---

尺度の中でもとくに研究が進んでいるのが,人々の態度を測定する分野である。態度という1つの概念を,複数の項目から測定するさまざまな方法が開発されている。その代表的なものに,それぞれ開発者の名をとって,①サーストン・スケール,②ガットマン・スケール,③リッカート・スケールがある。SD(セマンティック・ディファレンシャル)法も付け加えておこう。

表20-1　リッカート・スケールの例
（マキヤベリアン尺度より）

人とつきあう最良の方法は,その人の耳に快い甘言を並べることである。
　　　非常に賛成　賛成　どちらともいえない　反対　非常に反対

だいたいにおいて,出世して不正直な人間になるよりは,身分は卑しくても正直な人間になるほうが良い。
　　　非常に賛成　賛成　どちらともいえない　反対　非常に反対

『統計学辞典』東洋経済新報社 p.799

表20-2　SD法の例

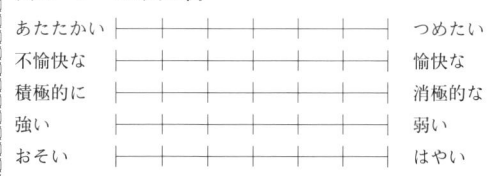

あたたかい	├─┼─┼─┼─┼─┤	つめたい
不愉快な	├─┼─┼─┼─┼─┤	愉快な
積極的に	├─┼─┼─┼─┼─┤	消極的な
強い	├─┼─┼─┼─┼─┤	弱い
おそい	├─┼─┼─┼─┼─┤	はやい

（注）評価的に良いものが,左にくるか右にくるかはランダムにすることが必要。

『統計学辞典』東洋経済新報社 p.800

（西野）

21 実査の手順

調査票の準備ができたら、いよいよ調査を実施する段階に進む。調査票を配布したりインタビューを行ったりする段階を、実査とよぶ。企画段階から分析、報告書の作成まで続く一連の調査の流れのなかで、実査はいわば調査のハイライトである。その直前にしておくべき手順を紹介しよう。

> **予備調査と本調査**
>
> 調査実施に先立って小規模な標本に試験的に行う調査を予備調査（パイロット調査）という。調査そのものの企画、デザイン、調査票の設計、新しい調査項目の適否、質問の方法や表現、選択肢の良否、被調査者にかかる負担から謝礼の適合性まで、テストする事柄は、その目的に応じて多岐にわたる。一方、調査のいわば本番、正規に抽出した標本に対して完成させた調査票を用いて行われる調査を本調査とよぶ。なお、プリテストと予備調査を使い分ける論者と混同する論者がみられるが、プリテストは予備調査の限られた一部と位置づけられよう。

プリテスト

まずは調査票の完成を目指す。誤字脱字がないか、しっかり確認しておこう。それから、ひとまず出来上がった調査票は、本番で使う前にテストしておく。これをプリテストという。いくら周到に用意したつもりでも、調査する側では気づきにくい点が多々ある。たとえば、調査を実施する研究者はよく知っていても、一般の人にはわかりにくい表現があるかもしれない。ほかにも、次のようなことがないだろうか。質問の順序は、対象者にとって答えにくくなっていないか。選択肢は相互排他的、網羅的になっているか（適切な選択肢がないために答えられないという状況はないか）。あるいは、この調査票では記入に時間がかかり過ぎないか。

プリテストでは、調査票の最終チェックと調査にかかる時間の目安をはかるため、ごく少数の人を対象に実際に調査票を使って調査してみる。依頼する相手は調査の本対象とは別に確保する。身近な人や頼みやすい人でいいが、できれば調査対象と同じ性別、年齢、属性の人にお願いしたい。調査後に感想や意見をたくさん聞かせてもらい、その意見を反映して調査票の最終的な修正を行う。

より専門的には、質問文や回答選択肢の妥当性をここでテストしておきたい（**2**参照）。

サンプリングの手順

調査票の完成と平行して、調査対象となる標本の確保を行う。標本抽出（サンプリング）である。まずは、標本抽出台帳の入手ないしは閲覧を申請する。台帳として住民基本台帳や選挙人名簿を使用する場合は、それらを管理している市区町村役場の担当課や選挙管理委員会に、閲覧を申請する。通常、閲覧は予約制になっており、1ヶ月以上前に申し込む必要がある。申請後に抽選が行われたり、先着で許可数が限定されたりする場合もある。また、自治体によって書式やそろえるべき必要書類が異なるので、事前によく調べておこう。有料の場合も多い。

申請して許可がおりたら、指定された日時、場所に出かけていって、そこで閲覧し、抽出作業を行う。閲覧スペースが狭く、申請1件につき1人しか許可されない場合もある。時間と場所が限られているので、作業はすばやく進めなければならない。あらかじめ用紙（調査対象者原簿）を用意しておき、決められた抽出方法に従って（**15**参照）、該当する対象者の住所、氏名、性別、年齢等を転記していく。

なお、選挙人名簿は、整理中や選挙期間中は閲覧できない。住民基本台帳も選挙人名簿も、更新された日を確認し、どの時点の情報かを確認しておこう。

調査期間の設定

調査の実施時期は，報告書に記載すべき事項の1つである。必ず，実施期間をあらかじめ想定しておき，実際にいつからいつまで実施したのか記録しておこう。

期間は，標本規模や方法によって異なる。現地に入ってフィールド調査を行う場合は，現地に滞在できる短い期間が実施期間となる。大規模な面接調査なら2，3ヶ月かかる。郵送であれば，返送までにある程度の期間を設定するので1ヶ月はみておく。ただし，期間が長すぎると，対象者に後回しにされて結局忘れられてしまう懸念がある。

時期は，調査の目的や標本の特性に応じて工夫しよう。家庭を訪問する調査で幅広い年齢層の人を対象にしているならば，ウィークディを避ける。対象が若い社会人であれば，盆正月を避ける。会社の決算期も避けた方がいいだろう。そうした工夫で，不在，多忙による拒否を少しでも減らそう。「シーズナル・バイアス（seasonal bias）」と呼ばれるものもある。たとえば，過去1ヶ月の非行行為を尋ねてみると，冬より夏の方が非行の数が多くなる傾向がある。

調査本部の設営と調査員の確保

時間だけでなく場所も確保しておく。調査主体の所在地ないしは都合がいい一定の場所に，本部を置く。対象者がいる調査現地に入って調査する場合は，現地に本部を設置する。本部は，対象者からの問い合わせに答える場所になるばかりでなく，調査員が相談に立ち寄ったり，調査の報告をしてチェックを受ける場所でもある。

研究者が自ら調査するのでないならば，調査員の確保も重要な準備のひとつである。調査現地が調査主体の所在地から離れている場合は，あらかじめ調査員を確保してから現地にむかうか，あるいは現地で確保するかのどちらかになる。調査によっては，調査員の訓練も事前に必要であろう。

依頼状の送付

調査は，調査する側と対象者との対話である（**8**参照）。できれば事前に挨拶をしておこう。可能ならば現地調査の前に，調査への協力を依頼する依頼状を送っておく。挨拶状でもある。

この協力依頼・挨拶状には，調査の目的，実施主体名，訪問者の身元，訪問予定時期，疑問などの連絡先を明記しておく。プライバシーを保護するためにどのような対策をたてているか，また，得られた成果の活用や報告方法についても触れておいた方がいい。

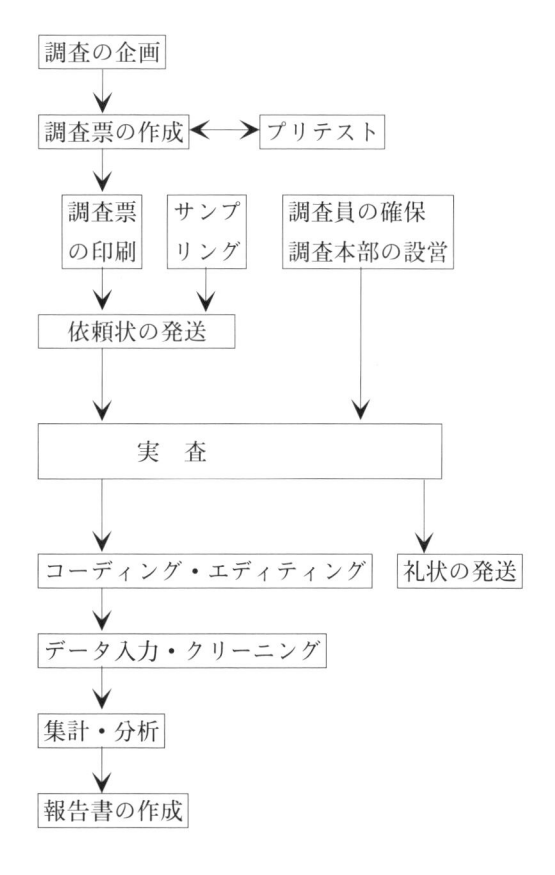

```
        調査の企画
            ↓
        調査票の作成 ←→ プリテスト
            ↓
    調査票    サンプ    調査員の確保
    の印刷    リング    調査本部の設営
            ↓
        依頼状の発送
            ↓
            実　査
            ↓              ↓
    コーディング・エディティング    礼状の発送
            ↓
      データ入力・クリーニング
            ↓
         集計・分析
            ↓
        報告書の作成
```

図21-1　調査の手順

（西野）

22 面接調査の実際

いよいよ調査現場に出かける。といっても，調査員は現地に行って調査票を配って帰ってくるだけではない。実際の調査の現場は，発見の連続なのである。まずは**面接調査**の場合で，調査する側になって調査の現場での注意点をみていこう。

インストラクション

調査実施の前に，調査員を集めて手引き（マニュアル）を配布し，インストラクションを行う。

インストラクションを開催する目的は3つある。第1に，調査の趣旨を調査員に理解してもらう説明の機会である。調査員は，実施主体の代理となって，調査の趣旨などについて対象者に説明できなければならない。対象者から，なぜ自分が選ばれたかとたずねられることもあるので，**サンプリング**の方法と手順についても簡潔に説明できるようにしておかなければならない。なんといっても，実施の現場を担うのは調査員である。

第2に，調査内容について説明を行う。どのように調査を実施するか，対象者から質問があった場合にどう対応するか，具体的に調査票のどこに注意しておくべきか，対象者が不在の場合の対応はどうするか，などの情報を事前に伝えておく。複数の調査員が同様の調査を実施できるよう，インストラクションの場で対応を統一しておく必要がある。

第3に，諸注意と事務連絡がある。持ち物，調査手順の確認，実施後の処理などの連絡がある。秘密の厳守や資料の保管方法，トラブル発生時の対応についても注意しておく。

さらに，必要に応じて，インストラクションの場で面接の訓練を実施する場合もある。

持ち物

持ち物，いわゆる調査グッズはそろっているか。一般的な持ち物は以下の通りである。

①調査票，　②挨拶状，　③謝礼，
④対象者名簿，　⑤手引き（マニュアル），
⑥身分証，
⑦現地の地図，　⑧交通手段の案内図，
⑨筆記用具，　⑩メモ帳，　⑪付箋，
⑫不在票・調査不能票，
⑬封筒と用箋，

①調査票は，予備も含めて複数用意しておく。対象者と調査員がそれぞれ調査票を見ながら実施することも多い。また，破損もありうるので多めに持参する。②挨拶状は，事前に郵送してあっても持参する。郵送したものと同じものを見せると，対象者からの信頼感を引き出すのに役立つ。もちろん，視覚的に調査趣旨の説明を助ける意味も大きい。③謝礼はあれば持参する。謝礼は，協力を依頼するときに渡す場合も，調査終了後に渡す場合もある。趣旨からいえば終了後になる。多くの場合，ささやかなお礼しか用意できず，終了後に渡している。ただし，協力を促す意味では，事前に渡す方法もある。

④～⑪は，実施に必要な用具である。訪問者の身元を証明する⑥身分証も忘れず持参したい。また，⑨筆記用具だけでなく，疑問点やあとで確認すべき点など気づいた事柄を記入するために，⑩メモ帳や⑪付箋もぜひ持参しておきたい。対象者の玄関先で実施することが見込まれる場合などは，下敷きになるような画板も用意しておいた方がいい。

⑫不在票は，対象者が不在の時に記入する用紙である（不能票については後述）。対象者が不在だからといってそのまま帰るのではなく，⑬封筒と用箋を用いて手紙を残しておくのも有効である。「お伺いしましたがご不在のようですので帰ります。次は○○に伺いますので，是非よろしくお願

いします」と書いておく。

他にも、**インタビュー**を録音するのであれば、ICレコーダやテープレコーダなどの録音機器を用意する。あわせて、電池やテープなどを予備分も含めて多めに持っていく。近年では、紙と鉛筆ではなく、コンピュータを持参して行うCA（Computer Assisted）方式を採用する調査も増えつつある。コンピュータを活用すると、データを直接入力できるだけでなく、注意事項や回答間の矛盾が即座にわかり、その場で解決できる利点がある。

対象者宅への訪問

忘れ物はないか、時間に遅れないかなどとあわせて、服装にも気を配ろう。人種、性別、年齢など、面接員の特定の属性によって回答が変化する「属性的効果（biosocial effect）」も指摘されている。なによりも、調査は対象者にお願いして実施するものである。対象者に恐怖感や不信感をもたれるような髪型や服装を避けるのはいうまでもなく、不快感を与えない配慮が求められる。露出度の高い服装や奇抜な服装は避けるべきである。

対象者のお宅に伺って協力が得られたら、まずは調査の目的や実施主体、プライバシーへの配慮や得られた成果の活用方法について説明しておく。調査は対象者のペースにあわせて、対象者への敬意をもって進めたい。

面接の場合、他者の存在がデータをゆがめることがある。上司が同席している場では「うまくいっていない」「やめたい」とは言いにくくなる。配偶者がそばにいる場で夫婦関係についてたずねても同様である。また、同席している人が調査に割り込んで代わりに回答してしまうことも多い。失礼がないように気を配りながらも、同席者がいない場で調査を行うようにしたい。

調査の現場では、あらゆることが情報となる。あくまで調査への協力を依頼しているので、調査にかかわらないことは基本的にはしてはいけないが、装飾品に目を留めて対象者との話題の糸口にするのもいい。在宅の家族や飾ってある写真を見て対象者の家族状況を把握しておき、調査票への記入内容やインタビュー内容と齟齬がないか、気を配っておくのも有効である。先入観を持つのは禁物だが、五感を活用して得た情報をうまく使って、内容の豊かな調査を実践したい。

不在時は

対象者が不在の場合は何度か足を運ぶ。ただし、深夜や早朝など無作法な時間帯にうかがってはならない。対象者に会えないままに、調査票をぶしつけにポストに入れておくというのもしてはいけない。誠意と熱意をもって調査にあたろう。

そして、対象者が不在の場合もよく観察しよう。洗濯物が干してあったり、鳥かごに鳥が飼われていれば、短い時間の不在と判断できる。何度伺っても留守だったら、近所の人にたずねてみてもよい。

どうしても調査できない場合、死亡、入院、転居、長期不在、短期不在、拒否のいずれによって調査できなかったかまでは把握しておきたい。調査不能はケースごとに、その理由も含めて不能票に記入する。この情報は、回収後の標本の代表性を検討するうえで欠かすことのできない重要なデータとなる。

いうまでもなく……

調査実施上で知りえたことを、調査の目的外に用いてはならない。調査に携わる者には守秘義務があり、情報を外部に漏らしてはならない。これは、調査に携わる者が守らなければならない最低限のマナーである。

また、データの捏造、いわゆるメイキングは絶対にしてはならない。調査実施側は、調査員の抜き打ちチェックをしたり、結果データを調査員ごとにチェックするなどの対策をとって、メイキングの予防、防止につとめるべきであろう。

（西野）

23 郵送調査の実際

同じく**郵送調査**の場合での調査現場を、実施の流れに沿ってみていこう。郵送調査では、はがきと封書によって方法に若干の違いが生じる。封書で送ってはがきを返送してもらう場合や、往復はがき、シールをはがして広げるタイプのはがきを活用する方法もある。はがきで返送してもらう場合は、プライバシー保護に注意が必要になる。人目に触れてもいい内容に限定しておくか、あるいは、「目隠しシール」（発送時にシールを貼っておき、回収後にきれいにはがして記載内容を見ることができるように工夫されている）を活用する方法がある。

以下では、封書で調査票を送って、記入後に封書で返送してもらう方法の場合に、現場ですべきことを順に解説する。

調査票・封筒・挨拶状の作成

郵送調査で作成するのは、調査票、送付用封筒、返信用封筒、挨拶状の4つである。

調査票は、自記式になるので、わかりやすい表現を用い、複雑な質問を避け、記入しやすいよう工夫しておく。手に取った時に重量感を感じるような分厚い調査票は、拒否を招くので避けた方がいい。調査票が重いと郵送費もそれだけかかる。

封筒は送付用と返信用の2種類を用意する。送付用には、差出人名をあらかじめ印刷しておくといい。別納にするのであれば、別納印を印刷しておいてもいい。返信用には、あて先をあらかじめ印刷しておく。返信用封筒は送付用封筒に入れて送ることになるので、小さめのサイズを選ぶ。ただし、送付用、返信用ともに調査票が入る大きさにしておく。調査票をたたんで封入することもあるが、対象者にむやみな労力をかけさせないように配慮したい。一方で、定型郵便物であれば郵便料金が安く済むので、経費も考えながら封筒の大きさを選ぶことになる。

挨拶・依頼状は、郵送の場合、事前に送るのではなく、調査票と同封で送ることが多い。調査票と挨拶状の両方に、返信の締切を忘れず記載しておく。

送付先の宛名作成

対象者の名簿にもとづき、送付用封筒に宛名を記入する。大量であれば、名簿データをタックシールに印刷して封筒に貼り付ける。ただし、宛名が印刷であると、DMと混同される懸念がある。人手があれば、手書きで宛名を書くという方法もある。

返信用封筒の用意

返信用封筒には、あて先とあわせて、返信用の切手を貼っておくことを忘れてはならない。あるいは、料金受取人払いの申請をあらかじめしておき、「後納」印を押すか印刷しておく。

封入作業後、投函

上記の作業が終わったら、いよいよ封入に入る。送付用封筒に、挨拶状・調査票・返信用封筒を入れて封をする。そして、送付用の切手を貼るか、別納手続きをする。くれぐれも料金不足ということがないように。すべて終わったら投函する。

督促

郵送では特に督促の効果がある（**27**参照）。返信の締切が近づいたら、督促状を作成し、宛名書きなど督促状の発送作業に入ろう。

（西野）

24 エディティングとは

調査票の回収後に行う，調査票のチェックならびに誤記等の訂正作業を**エディティング**という。回収後の調査票は，
- 記入漏れがないか。
- 不完全・不適切な回答がないか。
- 間違って記入されていないか。
- 欄外や余白になにか記入されていないか。

をチェックし，必要に応じて訂正する。回収後にまずは調査員が行い，次に調査本部でチェック担当者が行う。

対象者の回答をあくまで尊重し，調査員が勝手にデータを捏造することがあってはならないが，明らかな誤記入はこの時点で修正する。ただし，調査員の加筆修正は赤字で行うなど，対象者の記入した部分と後からの訂正とが識別できるようにしておく。

無効票のチェック

まずは，無効票をチェックし，分析に用いる有効票を確定する。ほとんど空白で記入されていない調査票や，回答がでたらめ，同じ回答ばかりといった調査票は，いくら回収されても，分析に使うことはできない。関係のない記述や回答が多かったり，調査への批判が強調されているなど，協力する気がないことが明らかで回答内容が信頼できない場合も，分析には含めない。調査員のメイキングによる票も，有効回収とはいえない。無効票としてこの時点で有効回収票から除外する。

せっかく回収された調査票はできる限り有効に用いたいし，できる限り多くのデータを集めたい。対象者の尽力も尊重したい。むやみに無効にするわけにはいかないが，一方で，信頼できない回答をデータに含めるのは避けたい。判断には慎重を期したい。この部分は経験で培われた勘も重要で，個人での判断は避けよう。担当チームを組み，複数で判断したい。

記入漏れ

もっとも困るのは頁全体の記入漏れである。郵送の場合など，数頁がとばされて記入されずに返却されることも多い。この部分はデータの欠損となってしまう。対象者が特定できている場合は，記入漏れを対象者に指摘して，その部分のみ再調査を依頼することもある。

エディティングの時点で注意しなければならない記入漏れのひとつは，親子質問のケースである。下記のように，上位の親質問（問1）に「1．はい」の回答があった場合のみ，次の下位の子質問（問1-1）に回答するよう指示されているが，子質問のみに回答があるケースである。

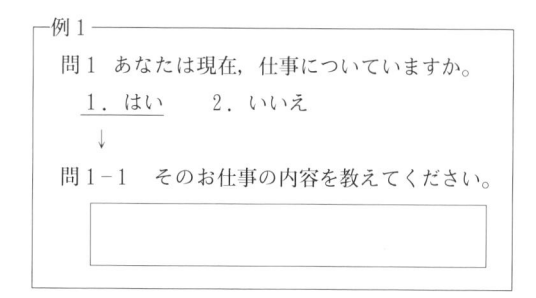

例1

問1 あなたは現在，仕事についていますか。
　1．はい　　2．いいえ
　　↓
問1-1 そのお仕事の内容を教えてください。
　[　　　　　　　　　　　　　　]

問1-1には回答しているのに問1に回答がない場合，問1への記入が漏れたものと判断される。赤字で問1の「1．はい」に○を加筆する。

それ以外にも，他の質問から明らかにわかる情報は，調査側で後から記入して補足する。

尺度質問への不適切な回答

次のように，複数の選択肢にまたがって○がつけられている場合や，正確には選択肢がない場所に○がつけられている場合も，赤字で訂正しておく。ケースごとに判断することになるが，対象者の回答を尊重するように訂正する。どうしても判断がつかない場合は，不明回答とするか，記入された可能性がある2つの選択肢の間で無作為にどちらかを選ぶことになる。後者の場合，確率を考慮する。

データ入力を委託する場合は特に，不明瞭な回答は誤入力を招きやすい。○がずれて記入すべき選択肢の番号と重なっていないだけで，データとして入力されないこともある。あくまで明瞭にしておく必要がある。

```
┌─ 例 2 ─────────────┐
│  1.  はい           │
│  2.  いいえ         │
│  ③  どちらともいえない │
└────────────────────┘
```

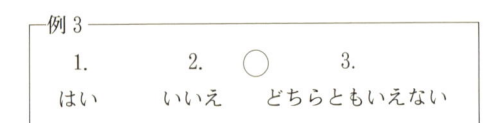

```
┌─ 例 3 ─────────────┐
│  1.    2. ○   3.           │
│  はい  いいえ  どちらともいえない │
└────────────────────┘
```

単数回答への複数回答

質問が「もっともあてはまるもの１つを選んで」と単数回答を要請しているのに，複数の選択肢に○がつけられていた場合，そのままではデータ入力ができない。その回答を無効にするか，あるいは，回答された複数の中から無作為に１つを選ぶことになる。

「その他」への記入の処置

選択肢方式と**自由回答**を組みあわせた質問では，選択肢に入らない部分を自由回答でとらえようとしている。しかしながら実際には，選択肢で選ぶことができる内容が，自由回答の欄に記入されることがある。下記の例で，「3.」に○がつけられて，「街で知り合った」と記入されていた場合，「3.」の○には赤字で×をつけ，「1.」に○をつけるよう訂正する。調査者の勝手な解釈は避けなければならないが，明らかな誤記入は，回収後に調査実施側が判断して訂正する。

```
┌─ 例 4 ─────────────────────┐
│ 問 あなたのご結婚は，以下のどれですか。 │
│  1.  恋愛結婚                      │
│  2.  見合い結婚                    │
│  3.  その他（具体的に          ）  │
└────────────────────────────┘
```

欄外への記入の処置

欄外に関係がない記述が多いと，回答の信頼性まで疑う必要があるが，欄外や余白への記入内容には有益な情報が多々含まれている。多くの場合，対象者が回答に迷って，欄外や余白に詳細な情報や，回答を補足する情報を記入している。回答内容をチェックするには，こうした情報はきわめて役に立つので，目配りが必要である。

ナンバリング

有効回収票には連番で**サンプル番号**をつける。調査票の表紙にサンプル番号を記入する欄をあらかじめ設けてある（**17**参照）。そこに，連番を記入する。以降は，対象者の氏名は使わず，サンプル番号が回収データならびに調査票の名前になる。

（西野）

25 クリーニングとは

データのチェックならびに訂正作業を**クリーニング**という。クリーニングには2段階あり，まずは**エディティング**と並行して行い，次にデータの入力後に行う。クリーニングの内容によっては，データ入力前のエディティングの段階で実施してしまった方がいいものと，入力されたデータをみてから実施したほうが便利なものとがあるからである。

おかしいと思われる回答は，すべて調査票を点検し，必要な修正を行う。調査票に立ち返るのが基本であり，たとえデータ入力後であっても，常に調査票は手元において，対象者の回答を確認しながらデータの精度を高めていく。

論理チェック

回答内容に整合性がない，論理的におかしい部分を洗い出す。たとえば，以下のような事例がある。

- 現在一人暮らしと回答していながら，配偶者と同居しているとも回答している（同居人数と同居相手のずれ）。
- 転職経験がないと答えながら，2回の就職経験を回答している。
- 世帯年収が個人年収より少ない。
- 初めてついた初職が大企業の管理職となっている。
- 23歳で卒業しているのに最終学歴が中学（学卒年と学歴のずれ）。
- 結婚年と結婚時年齢の回答があわない。
- 父親の死亡後数年たってから生まれている。
- 就職していないのに退職している。
- 結婚していないのに離婚している。

誤記入のチェック

エディティングの段階でチェックするより，データ入力後の時点でチェックしながら訂正したほうがいい部分もある。

- 用意されていない選択肢が回答されていないか。
  例：選択肢は1から4までなのに，「5」という回答がある。
- 親子質問での回答数のずれがないか。
  例：親質問に○をつけたのは30人なのに，その下位質問には31人が回答している。
- 異常な値がないか。
  例：通勤に10時間，週200時間就労，午前1時に出勤。
  ほかにも多い間違いとして，
- 生活時間の24時間制と12時間制での記入。
- 単位の間違い（万円と千円）。

などがある。24時間制での記入を求めているのに「6時に帰宅」と回答があった場合，職種や業種，シフト制度等を確認した上で，必要であれば「18時」に修正する。「月収が1千万円」という回答があった場合も，単位を間違えたのか，月収と年収を取り違えたのかなど，あらゆる可能性を考えながらケースごとに判断して訂正する。

なかには，訂正が不可能で不明値として処理するしかない場合もある。また，再調査が必要な場合もありうる。

（西野）

26 調査票からデータへ

　自由回答など，記述式の回答はそのままでは統計的に処理することが困難である。質的な情報として活用する方法もあるが，あとから選択肢に変換する方法もある。あらかじめ十全な選択肢が用意できずに自由回答式を採用する場合などは，事後にその自由回答を選択肢に置き換えることになる。こうした，記述式の回答を番号に変換する作業を**アフターコード**という。

　アフターコードも含めて，無回答などいくつかの情報を事後に変数に変換する作業を総じて**コーディング**と呼ぶ。回答者の回答を番号すなわちコードに変換するからである。

アフターコード

　回答の選択肢は相互排他的かつ網羅的でなければならない（**19**参照）が，その条件を満たす選択肢が用意できない場合がある。現象に対する理解がまだ十分ではなく，想定していない回答が出てくる可能性が高い場合や，網羅的な選択肢を作成すると膨大になる場合などである。こうした場合，選択肢と平行して**自由回答式**を採用するのが有効である。

　選択肢を回答者に選んでもらうと間違いが起こりやすい場合もある。**国勢調査**やSSM調査では，職業は回答者の自由回答になっている。職業の分類は複雑多岐で難しいので，あとから専門の調査員がコード化した方がいいからである。

　事後のコード化すなわちアフターコードでは，回答者の記述を適切な選択肢番号に変換する。変換した番号は，調査票の質問の後に設けておいた欄に記入する。国勢調査票では，下部にアフターコード欄がある（37-38頁参照）。

欠損値のコード化

　調査票に不明の回答が含まれてしまうことはすでに述べた。不明の回答の中には，なんの回答も記入されなかった無回答（NA：No Answer）と，わからないので記入できなかったという無回答（DK：Don't Know），質問に該当しないという非該当がある。

　親子質問で親質問が「いいえ」であるために子質問は答える必要がないと，非該当になる。また，無職の人も，現在の仕事についての質問には答える必要がない。結婚していない人は，配偶者に関する質問は非該当となる。

　これらの回答はすべて欠損値となり，分析から除外されることも多い。しかしながら，これらの情報もデータである。データとして生かすには，それぞれのコードをつけて入力しておく。たとえば，無回答は9，非該当は8というように。その際，全項目で共通したルールで欠損値を決めておいたほうがいい。なお，前2者の無回答と非該当とは，データとして区別しておくべきである。

複数回答の処理

　回答には単数回答と複数回答があると述べた（**19**参照）。複数回答の場合，調査票では1つの質問に複数の〇がつけられる。1つの質問に複数の選択肢が選ばれるからである。「1」「2，4，8」「3，7」といった回答を統計的に処理するためには，複数回答を単数回答に変換しておく必要がある。多くの場合，各選択肢ごとに，〇の有無を0／1へ変換する。それぞれの選択肢が選ばれていたら「1」，選ばれていなかったら「0」とするのである。たとえば，3つの選択肢の場合，すべて選ばれていたら111，真ん中の選択肢だけ選ばれていたら010に変換される。1／2に変換する場合もある。

変数データへ

　実際にコンピュータに入力されたデータは，通常は1行に1人分の情報が，1列に1変数ずつ収められる。

　統計ソフトSPSSのデータ画面は，次ページの通りである。

	sample	age	class	educ	income	prestige	race	rincome	sex
1	1	65	3	16	12	55	1	12	2
2	2	42	3	20	12	36	1	12	1
3	3	25	3	16	13	72	1	13	1
4	4	39	2	14	12	36	1	12	2
5	5	55	2	8	8	17	2	0	1
6	6	82	3	8	8	25	2	0	2
7	7	54	3	19	13	43	2	13	2
8	8	61	2	12	12	34	1	12	1
9	9	53	3	14	12	36	1	10	2
10	10	68	2	12	12	42	1	0	1
11	11	69	2	12	10	46	1	0	2
12	12	79	2	5	98	27	1	0	1
13	13	65	3	10	4	45	1	0	2
14	14	79	3	12	13	0	1	0	2
15	15	66	2	6	12	29	2	0	1
16	16	28	2	12	13	22	2	0	2
17	17	89	3	14	13	50	1	0	1
18	18	76	3	8	9	43	1	0	1
19	19	51	2	8	12	58	2	10	2
20	20	50	2	16	12	14	2	12	2
21	21	34	3	12	13	36	2	13	2
22	22	46	2	12	12	40	2	9	1
23	23	38	2	9	8	17	3	8	1
24	24	25	3	9	13	0	3	0	2
25	25	25	3	15	12	44	2	12	1
26	26	31	2	8	7	36	3	7	1
27	27	23	2	12	12	50	1	11	2
28	28	30	3	12	3	0	2	0	1
29	29	33	2	14	12	36	2	10	2
30	30	53	3	14	12	37	2	12	2
31	31	39	3	9	8	0	2	0	2
32	32	19	1	10	98	0	2	0	1
33	33	35	2	15	12	52	2	10	2
34	34	36	2	13	11	36	2	11	2
35	35	32	2	11	9	0	3	0	2
36	36	27	3	12	98	0	3	0	2
37	37	38	3	13	12	22	3	12	1
38	38	24	3	12	3	36	1	0	2
39	39	43	2	16	12	50	1	11	1

表26-1　入力データの画面

ある1時点で実施された横断調査では，基本的には，1人分のデータが1行に入力される。
その1行分のデータを「レコード」といい，N人分のデータはNレコード，すなわちN行からなっている。縦の列は変数である。

（西野）

27 回収率とは

対象者へ配布した調査票の数に対し，回収できた調査票を回収調査票，そのうち分析に用いることができる有効な票を**有効調査票**という。配布数に占める回収数の割合が**回収率**，配布数に占める有効回収数の割合が**有効回収率**である。

調査結果を報告する際は，回収率を提示する。そして，その結果を検討するときは，回収率とあわせて，サンプル総数と有効回答数は何人か，どう抽出したかを確認する。これらは，データの**信頼性**を問う上でなくてはならない情報である。

14で述べたように，**標本調査**では回収率が十分に高いことが，データの信頼性を問う上での必要条件になる。回収率の低下は，標本の**代表性**の問題に直結する。あまりに回収率が低いと，設定した母集団を反映したデータとはいえなくなってしまうからである。また，回収率の低下は，標本規模の縮小にもつながる。

近年は，いずれの調査でも回収率は低下傾向にある。その理由として，
- プライバシー意識の高まり，自宅を訪問されることを嫌うようになった。
- インターホンが普及して断りやすくなった，マンションの防犯対策が厳しくなった（拒否しやすい住環境）。
- 標本抽出の近代化に伴い，いわゆるコネによる依頼に頼ることができなくなった。
- 人々が忙しい生活を送るようになり，また娯楽が多くなり，調査に割く時間がとれなくなった。

などがあげられる。

回収率の低下を防ぐためには，まずは
- 事前の手紙による挨拶。
- 電話での訪問の予約。
- 調査者の身元を明らかにする。
- 調査の意図の説明。
- プライバシーへの配慮。

が重要である。対象者の不信感を少しでも取り除き，拒否を防ぐ努力を惜しんではならない。

質問の量を減らす，謝礼額をあげるのも有効である（多すぎて逆に不審感を喚起する場合もある）。謝礼を事後ではなく事前に配布したり，懸賞方式にして最高額をあげている調査もある。また，個人ではなく，公的な機関を通じて調査した方が，回収率はいい。

郵送の場合は，督促状も有効である。返信用封筒を料金受取人払いにせず切手を貼っても，回収率アップに効果がある。「300円分の謝礼をいれ，切手を貼った返信用封筒を使った場合，謝礼なしで料金受取人払いの返信用封筒を使用した場合に比べ，回収率は30ポイントも上昇し，65％に達した」（谷岡一郎「郵便による社会調査の回収率を上げるためのテクニックについて」大阪商業大学論集第95号, 1993）という。

方法にも工夫の余地がある。JGSSの予備調査では，留置→面接では回収率が41.3％にとどまったが，同じ調査を面接→留置で実施したら，回収率は58.7％に達したという。

しかしながら，なによりも重要なのは調査員の熱意かもしれない。対象者への感謝の気持ちをもって誠意と熱意をこめてお願いするのが，依頼の基本であろう。

（西野）

第Ⅲ部　データを読み解く

ガイダンス

　社会調査のプロセスにおいて，データの分析への移行は最もスリリングな瞬間といえるかもしれない。研究のテーマを設定し，先行研究を検討し，仮説を設定し，調査票を作成する。そして，実際の調査において様々な対象者に質問を投げかけ，その反応をデータ化する。そのような，様々な努力と苦労を経て得られたデータを目の前にして，自分が立てた仮説が思ったように検証されるか，期待と不安を持ちながら集計をスタートさせることになる。

　一方，数学に苦手意識を持つ人にとっては，様々な数値の羅列に恐怖心さえ覚えるかもしれない。しかし，必ずしも恐れることなどない。現代のテクノロジーの成果によって，実際の計算はコンピュータが引き受けてくれるのである。われわれに求められているのは，的確な指令をコンピュータに与えてあげること。そして，そこで得られた結果を適切に解釈することである。もちろん，最低限の統計学の知識は必要となってくる。しかし，我々のゴールは，統計学の専門家になることではなく，統計的手法を用いて社会を理解する技術と視座を得ることである。適切な手法の選択がされたならば，後はその結果を慎重に解釈していけばよいのである。

　本章では，離散変数と連続変数，度数分布や記述統計，変数の加工など，変数についての説明とその処理の仕方からスタートする。そして，クロス集計やカイ2乗検定といった，社会学における統計分析で最も基本となる手法について解説していく。社会学のアンケート調査では，離散変数として測定される項目が多いので，これらの手法が用いられる機会は最も多いのである。また，我々が扱うデータの多くはサンプリング・データ（無作為抽出によるデータ）なので，統計的検定の基本的な考え方を理解しておく必要がある。続いて，離散変数と連続変数との関連を分析するものとして，t検定とF検定（分散分析）について説明し，連続変数どうしの関連を確かめるための手法として相関関係と回帰分析について言及する。そして，より高度な手法といえる多変量解析について，簡単にその基本となる考え方について，そして手法のバリエーションについて概観する。最後に，社会調査のプロセスにおける第一の目的地点である，報告書の作成について説明する。

　統計的分析の手法と出力結果については，社会調査において頻繁に用いられているSPSSという統計パッケージを用いつつ説明している[*]。本章の目的は，統計学について詳細な解説をすることではなく，社会学の調査研究で利用される頻度の高い統計的手法について，その基本的な考え方と分析結果の解釈の仕方を中心に，シンプルに紹介することにとどめた。それゆえ，統計学やSPSSを用いた分析手法についてもっと詳しく学びたい人は，それぞれより専門的な解説書やマニュアルが存在するので，それらを参照してほしい。社会統計学の専門書としては，G.W.ボーンシュテッド・D.ノーキ，海野道郎・中村隆監訳『社会統計学：社会調査のためのデータ分析入門』ハーベスト社，1988-1990，をおすすめする。

[*] SPSSの他にはSASという統計パッケージが用いられることもある。また，一般的に利用しやすいソフトとして，Excelに統計オプションを導入したものを利用する場合などがある。

28 離散変数と連続変数

観察と測定

サーベイ調査によるデータを分析する際に、まず理解していなければならないことは、仮説に含まれる変数の特性についてである。観察された現象に対して、一定の基準のもとに数を割り当てることを**測定**（measurement）と呼ぶ。そして、その測定の結果には、離散変数と連続変数といった、大きく分けて2つの種類がある。この2つの変数の特性は、調査票の質問文が作成されるときにすでに決定されており、また、社会統計学においては**尺度**（コラム参照）の基準の中に位置づけられる。

離散変数

離散変数とは、調査の対象となる人や集団、その行為や現象などを、それらが持つ特性の質、属性にもとづいて分類したものである。ゆえに、質的変数、カテゴリー変数、グループ変数などと呼ばれる場合もある。もっとも単純な離散変数の例は「性別」であり、「女性」、「男性」という2つのカテゴリー（グループ、属性）によって構成される。その他、出身地や居住地域、配偶者や子どもの有無、最終学歴、支持政党なども離散変数として測定される。

離散変数を構成するカテゴリーは相互に排他的であり、また網羅的でなければならない。相互に排他的である場合、観察されたそれぞれのケースは、変数の中のどれか1つのカテゴリーに分類されねばならない。例えば、対象者の就業状況について調べたとき、「現在働いている」、「現在働いていない」、「学生」、「主婦」といった4つのカテゴリーを用意したならば、相互排他性に問題が生じる。「学生」でアルバイトとして「現在働いている」人もいるし、自分を「主婦」であると認識しているが、パートあるいはフルタイムで「現在働いている」人もいるであろう。重要なのは、それぞれのカテゴリーが重ならないことである。

また、網羅的（包括的）である場合、観察されたすべてのケースはどれかのカテゴリーに分類されなければならない。例えば、支持政党について質問したとき、「自民党」と「民主党」といった2つのカテゴリーを用意した場合、それは不十分なものである。他の政党を支持している人（「その他の政党」）や支持政党を持たない人（「支持している政党はない」）を分類することができないからである。すべての対象者が含まれるように、選択肢が設定されていることが不可欠なのである。

離散変数は、そのカテゴリーが順序付け可能なものかどうかによって、順序付け不能な離散変数と順序付け可能な離散変数の2つに区分することができる。順序付け可能な離散変数とは、尺度法における順序尺度にあたり、そのカテゴリーは単なるラベルではなく、その特性の相対的な大小や高低を表す。「政府の政策をどの程度、評価しているのか」といった質問に対して「とても評価できる、どちらかといえば評価できる、どちらともいえない、どちらかといえば評価できない、全く評価できない」といったカテゴリーが用意された場合、それにあたる。そのほかに「権威主義」「不満」「性役割分業観」などがあげられる。「順序付け不能な離散変数とは、尺度法における名義尺度にあたり、それぞれのカテゴリーの順番に論理的な意味はない。たとえば、「性別」や「居住地域」、「支持政党」などである。

連続変数

連続変数とは、調査の対象となる人や集団、その行為や現象などを、それらが持つ特性の大きさや量にもとづいて一定の値を割り当てたものである。ゆえに、量的変数と呼ばれる場合もある。連続変数は、尺度法における、間隔尺度と比率尺度がそれにあたる。連続変数では、一定の間隔ですべての値をとることが理論的に可能で、ゆえに小数点以下の値もとりうる。社会科学では、自然科

学と異なり，連続変数として測定される概念がかなり限定されている。「年齢」，「居住年数」，「友人数」，「収入」などが例として挙げられる。連続変数の場合も網羅性と相互排他性を備えていなければならない。

仮説を構成する独立変数と従属変数が，それぞれ離散変数なのか従属変数なのかで，取りうる統計的分析手法が変わってくることに留意する必要がある。

---- 尺度（測定のレベル）----

スティーブンスの尺度法によれば，測定の水準は，1．名義尺度，2．順序尺度，3．間隔尺度，4．比率尺度という順番で構成され，後者になるほど変数値の差異に関する情報量は多くなる。

1．名義尺度（nominal scale）

測定の結果に，任意の順序で名前または数値が付与された変数である。例として，性別，支持政党，出身地などがあげられる。変数に含まれるカテゴリー（例えば，性別における男性や女性）は網羅的で，相互に排他的な特性を持ち，順序づけはできない。

2．順序尺度（ordinal scale）

測定された結果が，その特性の量の大きさの順序によって並べられた変数である。例として，最終学歴や，性役割分業観，政治的有効性感覚など，特定の意見に対する態度や賛否があげられる。隣接するカテゴリー間の差は一定であると仮定されてはいない。

3．間隔尺度（interval scale）

カテゴリー間に一定の（意味ある）間隔（距離）が存在すると仮定されている変数である。職業威信スコア，知能指数などがあげられる。温度に関する測度もこれにあたり，摂氏30度と40度との間の間隔は，摂氏10度と20度との間の間隔と同じである。しかし，40度は20度の2倍熱いのではない（温度計の0度は，熱がない状況を意味するわけではないから）。

4．比率尺度（ratio scale）

上記の尺度（測定レベル）すべての特性をすべて備え，かつ絶対的な零度（0の点）を持つ。例としては，年齢，収入，ネットワーク数などがあげられる。尺度の上での「0」の値は，その特性が全く存在しないこと（収入における0は収入が全くないこと）を意味する。

離散−連続という区分では，間隔尺度と比率尺度を連続変数とみなすことができる。名義尺度は（順序づけ不能な）離散変数でしかない。順序尺度は（順序づけ可能な）離散変数であるが，社会科学においては，しばしば連続変数として扱われる場合もある。

（久保田）

29 度数分布と記述統計

度数分布表

データ分析の第一のステップは，変数の分布を確認することから始まる。測定された変数がどのような分布をなしているのかを，まず把握することが重要である。たとえば，「支持政党」を調査した場合，自民党支持者や，民主党支持者，その他の政党の支持者，支持政党を持たない者がそれぞれサンプル全体の中でどの程度いるのかについて調べてみる必要がある。表29-1のような**度数分布表**を作成することから分析をスタートさせるのである。

「度数」とはそれぞれのカテゴリーに反応する（対応する）ケースの数（該当者数）である。「パーセント」の項目は全体を100%とした場合の，それぞれのカテゴリーの相対的な比率である。「有効パーセント」は，欠損値（後述）を除いて算出された，カテゴリー（または値）のパーセントで

ある。「累積パーセント」はカテゴリー（または値）の順に有効パーセントをたし上げていったものである。ある変数の分布を直感的に理解したり，他のデータと比較したりする場合，ケース数（全体の数）の大きさに左右される「度数」よりも，相対的な度数である「パーセント」を利用する場合が多い。

また，離散変数の場合このような度数分布を図29-1のような棒グラフ（または円グラフ）などで表現することによって，より視覚的な表現をすることができる。

連続変数の場合，「値の再割り当て」をすることによって離散変数に加工（30参照）した上で，度数分布表を作成するか，ヒストグラム（図29-2）を用いて表現する場合が多い。

記述統計

連続変数についてその特性を把握する場合には，分布を要約する統計量を用いる場合が多い。値の分布を表す典型的な値のことを代表値といい，最もよく用いられるのは平均である。その他に最頻値（モード），中央値（メディアン）などがある。そのほかに範囲を表す指標として最大値と最小値が提示され，分布のばらつきの度合いを示す指標

表29-1　性別

		度数	パーセント	有効パーセント	累積パーセント
有効	1.00 男性	632	43.6	44.7	44.7
	2.00 女性	781	53.9	55.3	100.0
	合計	1413	97.5	100.0	
欠損値	99.00 NA/DK	36	2.5		
合計		1449	100.0		

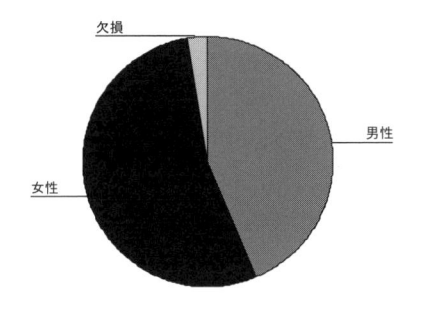

図29-1　性別

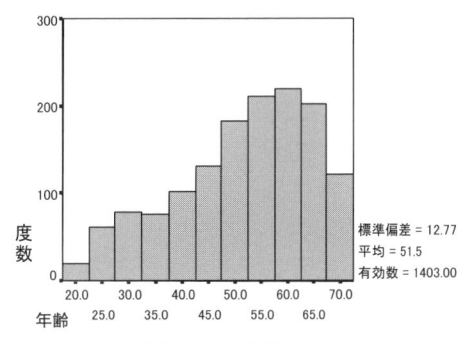

図29-2　年齢

として分散や標準偏差が用いられる。表29-2は年齢変数について基本的な統計値（記述統計）を示したものである。

表29-2　記述統計量

	度数	最小値	最大値	平均値	標準偏差
年齢	1403	20.00	72.00	51.5196	12.77491
有効なケースの数（リストごと）	1403				

（久保田）

30 変数の加工

欠損値の指定

サーベイ調査によるデータには，集計や分析に用いない値（欠損値）を指定しなければならない場合がしばしばある。以下の2つ場合が代表的な欠損値の指定パターンである。

(1) 非該当

分析に用いる質問がサブ・クエスチョン（付問）の形式をとっている場合や，特定の人のみが答えるように指示されている質問の場合，その質問に答える必要のないケースを分析の対象からはずす（非該当にする）必要がある。例えば，配偶者の年齢や職業については，現在配偶者がいる（結婚している）人に対してのみ質問することになる。ゆえに，それ以外のもの（未婚，離・死別）はこれらの質問の対象外となり，非該当扱いとする必要がある。通常の場合，非該当の対象者に対しては，コーディング（前述）の段階で，特定の値を割り当てることになる。その値を欠損値として扱うことによって，集計・分析の対象から除外することができる。

(2) 回答（記入）なし・わからない

郵送調査などの場合に，ある質問に対して回答がなかったり，記入がなかったりした場合も欠損値の扱いをする必要がある。また，面接調査などの場合に，ある質問に対して「わからない」または「覚えていない」などの回答があった場合も同様である。また，「回答なし」をNA（no answerの略），「わからない」をDK（don't knowの略）と表現する場合がある（26参照）。

値の再割り当て

離散変数の場合，集計や分析の際にいくつかの選択肢をグループ化し，カテゴリー数を少なくすることによって，変数の分布を直感的に理解しやすいようにしたり，ケース数の少ないカテゴリーを統合したりすることがある。例えばある意見に対する回答者の態度に関して，「1．とてもそう思う，2．どちらかといえばそう思う，3．どちらともいえない，4．どちらかといえばそう思わない，5．全くそう思わない」という5段階で選択肢が構成されていたとする。1と2を統合し「1．そう思う」とし，3を「2．どちらともいえない」とし，4と5を統合し「3．そう思わない」という形に値とラベルを変換することによって，3つのカテゴリーで構成された変数として集計・分析することが可能になる。このような変数の変換を「値の再割り当て」と呼ぶ。一般的には，変換した変数を新しい変数として保存する。

表30-2は表30-1の政治的態度に関する変数に関して，値の再割り当てをおこなったものである。「保守か革新かと聞かれれば，私の立場は革新だ」という問いに対して，「1．そう思う」「2．ややそう思う」の2つのカテゴリーを統合して，新たに「1．革新」というカテゴリーを設定した。同様に「4．ややそう思わない」「5．そう思わない」を「3．保守」に，そして「3．どちらともいえない」は「2．中道」に変更し，新たな変数「革新－保守」を作成した。

また，連続変数の場合，いくつかの範囲に値をグループ化する場合がある。例えば，対象者の年齢に関して，実数で質問していたとする。これを値の再割り当てすることによって，離散変数に加工することができる。調査の対象者が20歳から69歳までだとして，20から29までの値を「1．20代」，同じように30から39までを「2．30代」，そして「3．40代」，「4．50代」，「5．60代」というように再割り当てすることによって，「年齢」を5つのカテゴリーによって構成される「年代」という離散変数に変換することができる（表30-3）。

合成変数の作成

また，複数の変数を組み合わせて合成変数を作

表30-1　私の立場は革新だ

		度数	パーセント	有効パーセント	累積パーセント
有効	1.00 そう思う	194	13.4	13.4	13.4
	2.00 ややそう思う	245	16.9	16.9	30.3
	3.00 どちらともいえない	668	46.1	46.1	76.4
	4.00 ややそう思わない	98	6.8	6.8	83.2
	5.00 そう思わない	180	12.4	12.4	95.6
	99.00 NA/DK	64	4.4	4.4	100.0
	合計	1449	100.0	100.0	

表30-2　革新-保守

		度数	パーセント	有効パーセント	累積パーセント
有効	1.00 革新	439	30.3	31.7	31.7
	2.00 中道	668	46.1	48.2	79.9
	3.00 保守	278	19.2	20.1	100.0
	合計	1385	95.6	100.0	
欠損値	システム欠損値	64	4.4		
合計		1449	100.0		

表30-3　年代

		度数	パーセント	有効パーセント	累積パーセント
有効	20.00 20代	109	7.5	7.8	7.8
	30.00 30代	156	10.8	11.1	18.9
	40.00 40代	268	18.5	19.1	38.0
	50.00 50代	415	28.6	29.6	67.6
	60.00 60代	455	31.4	32.4	100.0
	合計	1403	96.8	100.0	
欠損値	システム欠損値	46	3.2		
合計		1449	100.0		

成（計算）したり，複数回答の質問に対する回答を合計（出現数の計算）したりすることによって，新しい合成変数を作成することが必要な場合もある。

　例えば，権威主義という概念を測定するために，複数の質問を用意したとする。それぞれの質問について「1．そう思う」から「5．そう思わない」の5段階のカテゴリーで測定した。これら1つ1つは（順序づけ可能な）離散変数であるが，それらを合計したものを，連続変数として扱うことのできる「権威主義尺度」として再構成することができる。権威主義に関する質問が4つあったとして，4つの変数を合計した場合，最低4点，最高20点の分布を持つことになる。このように複数の順序づけ可能な離散変数を足し合わせて作成された変数を，加算尺度と呼ぶ。このような場合には，それぞれの変数の順序が同じ方向で測定されている必要がある。また，新たに形成された尺度の信頼性を判断するためには，クロンバッハのアルファと呼ばれる統計量を参考にする場合が多い。

　次に，複数回答の質問に対する回答を合計する場合について説明する。例えば，対象者が加入している集団について，複数回答で質問したとする。町内会やPTAなど10個の選択肢を用意し，参加している集団を選んでもらった。一般的には，加入している場合には＜1＞，加入していない場合には＜0＞の値をコーディングの際に割り当て，合計10個の変数が作成される。そして，それらの変数を合計して「参加集団数」という新たな変数を作成することができる。

　しかし，コーディングが，加入が＜1＞，非加入が＜2＞となっているような場合は，ただ単に変数を足し合わせても「参加集団数」は計算されない。その場合には「出現数の計算」をすればよい。つまり，10個の変数に関して＜1＞という値が出現した数を計算すればよいのである。

（久保田）

31 クロス集計

サーベイ調査のデータを分析する場合，一定の仮説を立て，それを検証するというプロセスをおこなう。そのもっともシンプルな形は，2つの変数間の関連を説明することであり，その2つの変数が離散変数であった場合，まず**クロス集計**という手法が用いられる。つまり，原因を示す**独立変数（説明変数）**，結果を示す**従属変数（被説明変数）**の両方が，離散変数であったならば，クロス集計表を作成することから分析をスタートさせるのである。

表31-1は対象者の居住地（都市部／農村部）と政党支持との間のクロス表である。表の中の数値（パーセント）を横に見ていってほしい。都市部居住者では「支持政党なし」が50.3％，「支持政党あり」が49.7％であるのに対し，農村部居住者ではそれぞれ42.0％，58.0％となっている。特定の政党を支持しているものは，都市部より農村部のものが8.3％ほど多く，逆に特定の政党を支持していないものは，農村部より都市部に多いという結果である。ここから，農村部より都市部のほうがいわゆる無党派層が多いという傾向があると言えるのではないだろうか。

次に，表31-2は対象者の年代と政党支持との間のクロス表である。20-30代では約7割が「支持政党なし」で約3割が「支持政党あり」であるのに対し，より高い年齢のカテゴリーほど「支持政党あり」の比率が高くなっており，50代では「支持政党あり」が「支持政党なし」を上回り，60代では3割強が「支持政党なし」で，7割弱が「支持政党あり」ということになる。若い年代ほど無党派層が多く，高い年代ほど特定の政党を支持しているものが多いという傾向があるといえるのではないだろうか。

表31-1 都市-農村と政党支持のクロス表

				政党支持 .00 支持政党なし	政党支持 1.00 支持政党あり	合計
都市-農村	1.00 都市部		度数	353	349	702
			都市農村の％	50.3％	49.7％	100.0％
	2.00 農村部		度数	73	101	174
			都市農村の％	42.0％	58.0％	100.0％
合計			度数	426	450	876
			都市農村の％	48.6％	51.4％	100.0％

表31-2 年代と政党支持のクロス表

			政党支持 .00 支持政党なし	政党支持 1.00 支持政党あり	合計
年代	1.00 20-30代	度数	180	80	260
		年代の％	69.2％	30.8％	100.0％
	2.00 40代	度数	140	125	265
		年代の％	52.8％	47.2％	100.0％
	3.00 50代	度数	179	224	403
		年代の％	44.4％	55.6％	100.0％
	4.00 60代	度数	135	275	410
		年代の％	32.9％	67.1％	100.0％
合計		度数	634	704	1338
		年代の％	47.4％	52.6％	100.0％

クロス集計のポイント

ここでクロス集計を作成する際のポイントを整理しておこう。

① 独立変数を行に，従属変数を列に設定する。和文では独立変数を行（横軸）に，従属変数を列（縦軸）に設定するのが一般的である（欧米では逆となる場合が多い）。

② 2つの変数間の，それぞれのカテゴリーが交差するところを「セル（cell）」と呼ぶ。独立変数，従属変数とも2値（2つのカテゴリー，グループ）で構成される場合，2×2で，4つのセルが作成される。それぞれが3値の変数ならば，3×3で，9つのセルが作られることとなる。また，セルの外側には，行，列それぞれの合計の値が示される。これらの値を「周辺分布」と呼ぶ。

③ 行の合計が100%となるように比率を計算する。独立変数のカテゴリーごとにパーセンテージを計算するのが一般的である。セルの中にこの行パーセントのみ表記するだけでも十分であるが，それぞれのセルの度数が計算できるようにしておく（たとえば周辺分布に独立変数，従属変数それぞれの度数分布を示す）必要がある。

④ 結果の解釈は行パーセントを用いておこなう。度数は全体数が異なる場合，直接比較することはできない。

⑤ 欠損値の指定を忘れない。NA/DK，非該当など，分析に用いない値は必ず欠損値として扱う。

⑥ あまりセルの数を多くしない。独立変数，従属変数とも，値（カテゴリー）の数が多いと，結果としてセルの数も多くなる。セルの数が多いと，結果を解釈することが難しくなり，また，統計的検定をする場合にも不適当な場合がある。

⑦ 値の再割り当てをして新しい変数に変換してから集計してもよい。値（カテゴリー）があまりにも多い離散変数の場合や，連続変数の場合は，値の再割り当てをおこなった上でクロス集計をおこなう。

⑧ 統計的検定をおこなう場合はカイ2乗検定をおこなう（後述）。

（久保田）

32 カイ2乗検定

クロス集計において，2変数間の関連について統計的検定をする場合，**カイ2乗検定**という手法が用いられる。そこでは，「2つの離散変数間に関連がない」という帰無仮説を棄却することによって，「2つの離散変数間に何らかの関連がある」という対立仮説を採用することが試みられる。実際に，「クロス集計」の項目で使用した2変数を例に用いて，仮説を整理すると以下のようなものになる。

① 帰無仮説：「年代と政党支持は関連しない」
② 対立仮説：「年代と政党支持は関連する」

帰無仮説が真である場合，すなわち2変数が統計的に独立な場合，独立変数の値（カテゴリー）ごとに見た従属変数の比率はすべて同じになる。そのような場合，クロス集計表は以下のようなものになる。

表32-1 年代と政党支持のクロス表
（統計的独立という帰無仮説のもとでの期待度数）

		政党支持		合計
		.00 支持政党なし	1.00 支持政党あり	
年代	1.00 20–30代	123.2	136.8	260.0
	2.00 40代	125.6	139.4	265.0
	3.00 50代	191.0	212.0	403.0
	4.00 60代	194.3	215.7	410.0
合計		634.0	704.0	1338.0

帰無仮説の下での各セルの度数の期待値は，「期待度数」と呼ばれる。行パーセントを計算したならば，その分布の比率は各年代において等しくなり，また，周辺分布のパーセントとも等しいことが確認できる。独立変数，従属変数の度数分布（周辺分布）が特定された場合，その期待度数の分布は，このように，ただ1つのパターンしかあり得ない。この期待度数の分布と，実際に観測されたデータにおける分布（表31-2）とのズレがどの程度あるのかが重要なのである。

カイ2乗検定は，このズレの大きさに着目するといってよい。つまり，帰無仮説が真である場合の分布（期待度数）と実際の分布（観測度数）とが，どの程度乖離しているのかを，統計的に検討するのである。カイ2乗値（x^2）は以下の公式によって求められる。

<公式>　$$x^2 = \sum_{i=1}^{R} \sum_{j=1}^{C} \frac{(\hat{f}ij - fij)^2}{\hat{f}ij}$$

C=列の数，R=行の数，$\hat{f}ij$=i行j列目のセルの期待度数，fij=i行j列目の観測度数

つまり，カイ2乗値は，以下の計算によって求められる。

① それぞれのセルの観測度数と期待度数の差を求め，その差を2乗して，そのセルの期待度数で割る。
② すべてのセルに対してこの計算をおこない，その結果を合計する。

また，自由度（df：周辺度数が固定された場合に，値を変化させることができるセルの数）は以下の式によって求められる。

$$df = (R-1)(C-1)$$

カイ2乗値は，自由度が決定された場合に特定の分布（標本分布）をとることが統計学的に指摘されており，この理論上の分布（図32-1）に照らし合わせて，実際に観測されたカイ2乗値を検討することによって，一定の有意水準（$\alpha = 0.01$または0.05）の下で，帰無仮説を棄却するか，棄却しないかを判断することができる。

サーベイ調査等でよく用いられる統計パッケージであるSPSSを用いた場合，クロス集計をする時に，統計オプションで「カイ2乗検定」を指定することによって，簡単にカイ2乗値，自由度，有意確率が算出される。表32-2は，年代と政党支持のクロス集計表（表31-2）に関するカイ2乗検定の，SPSSによる出力結果である。

32. カイ2乗検定

表32-2　カイ2乗検定

	値	自由度	漸近有意確率(両側)
Pearsonのカイ2乗	88.721[a]	3	.000
尤度比	90.472	3	.000
線型と線型による連関	87.347	1	.000
有効なケースの数	1338		

a. 0セル（.0％）は期待度数が5未満。最小期待度数は129.20。

　カイ2乗検定の結果は一般的には1行目の「Pearsonのカイ2乗」の結果を参照すればよい。この場合，カイ2乗値は88.721で，自由度は3である。有意確率は「漸近有意確率」の項目を参照する。この表では，0.000という値が示されているが，これは有意確率がゼロであるというように解釈してはならない。小数点4桁以下が表示されていないので，有意確率は0.0005未満であると理解すべきである。この「漸近有意確率」が0.01未満であれば1％水準，0.05未満であれば5％水準で，帰無仮説を棄却することができる。この場合，有意水準1％未満で帰無仮説：「年代と政党支持は関連しない」を棄却し，対立仮説：「年代と政党支持は関連する」を採択することができる。つまり年代と政党支持との間には「統計的に有意な」関連が存在するといえる。

　カイ2乗検定の結果について以下の点に注意する必要がある。

①　カイ2乗値や有意確率の値の大小は，変数間の関連の強さを表すものではない。カイ2乗値や有意確率の値は，帰無仮説を棄却できるかどうか検討するための指標であり，独立変数の従属変数に対する説明力の強さを示しているわけではない。

②　カイ2乗検定の結果は2変数間の関連の有無を検討することはできるが，その関連の内容，2つの変数がどのように関連しているのかについての情報を提供してはくれない。検定の結果，帰無仮説が棄却され，変数間の関連の存在が確認されたならば，もう一度クロス表に戻り，行パーセントに着目し，変数間にどのような傾向が読み取れるのか解釈する必要がある。このクロス集計（表31-2）の場合，次のような解釈を加えることができる。20-30代では支持政党がある層の比率が約3割と最も少なく，40代，50代，60代と年代があがるごとに，支持政党なし層が減少し，支持政党あり層が増加する。40代から50代にかけて，支持政党あり層と支持政党なし層との比率が逆転し，60代では支持政党あり層の比率は7割弱にまで上昇する。

表32-3　カイ2乗分布（x^2分布）表

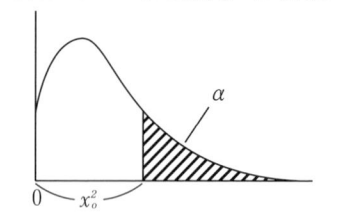

自由度 df	α			
	.20	.10	.05	.01
1	1.642	2.706	3.841	6.635
2	3.219	4.605	5.991	9.210
3	4.642	6.251	7.815	11.341
4	5.989	7.779	9.488	13.277
5	7.289	9.236	11.070	15.086
6	8.558	10.645	12.592	16.812
7	9.803	12.017	14.067	18.475
8	11.030	13.362	15.507	20.090
9	12.242	14.684	16.919	21.666
10	13.422	15.987	18.307	23.209
11	14.631	17.275	19.675	24.725
12	15.812	18.549	21.026	26.217
13	16.985	19.812	22.362	27.688
14	18.151	21.064	23.685	29.141
15	19.311	22.307	24.996	30.578
16	20.465	23.542	26.296	32.000
17	21.615	24.769	27.587	33.409
18	22.760	25.989	28.869	34.805
19	23.900	27.204	30.144	36.191
20	25.038	28.412	31.410	37.566
21	26.171	29.615	32.671	38.932
22	27.301	30.813	33.924	40.289
23	28.429	32.007	35.172	41.638
24	29.553	33.196	36.415	42.980
25	30.675	34.382	37.652	44.314
26	31.795	35.563	38.885	45.642
27	32.912	36.741	40.113	46.963
28	34.027	37.916	41.337	48.278
29	35.139	39.087	42.557	49.588
30	36.250	40.256	43.773	50.892

出典：原・海部『社会調査演習』（東京大学出版会，1984）p140より転用。

（久保田）

33 統計的検定

サーベイ調査では，一般的に**標本**（サンプル）から得られたデータを用いて分析をおこなう。調査研究において，言及する対象となる集団のことを**母集団**と呼ぶが，その母集団が何十万人以上，といった大規模なものであった場合，その全体に対して実際のサーベイ調査をおこなうことは，それにかかる予算や手間の面でも，不可能な場合が多い。そこで，われわれは**無作為抽出**（ランダム・サンプリング）された，より小規模の標本を用いて，サーベイ調査をおこなう（**15**参照）。しかし，ここには重要な問題がある。この標本によるデータの分析結果を，どこまで母集団全体に一般化できるのか，ということである。人口1,200万人を超える東京都民を母集団として，約１／10,000の確率で無作為抽出し，1,200人の標本データを得たとする。問題なのは，この1,200ケースの標本から，東京全体について推測することができるのだろうか，ということである。

ここで登場するのが，「**統計的検定**」という概念である。つまり，観測された標本にもとづいて得られた結論が，母集団に関しても成り立つかどうか，推定することである。われわれは，標本は，母集団を縮小したミニチュアのようなものであることを期待している。しかし，標本で得られた結果が，母集団の状況を100％完全に反映しているものだと確信することはできない。なぜなら，標本は，たまたま選ばれたケースの集合にしか過ぎないからである。無作為に選ばれたからといって，非常に偏った集団を抽出してしまった可能性も完全には否定できない。ところが，推測統計学による考え方を用いれば，適切なプロセスで抽出された標本から，母集団全体に関する推定をおこなうことができ，また，その推測がどの程度正しいと判断することができるかについての確率を計算することができる。図32－1は，無作為抽出と統計的推定の考え方を示したものである。

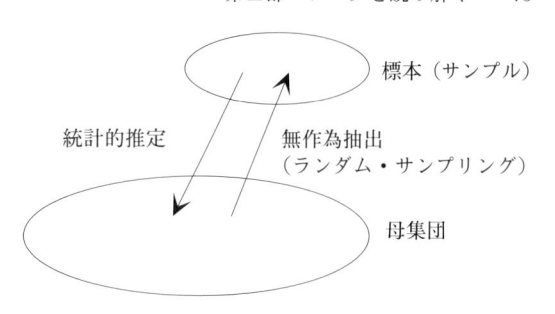

図33－1　無作為抽出と統計的推定

統計的検定については以下の点について注意する必要がある。

① 一般的に，サイズの小さな標本より，大きな標本の場合の方が，母集団において独立変数と従属変数の間に関係があるという結果が得られる確率は高い。つまり，1,200万人からなる母集団から，1,200人の標本を得た場合と，120人の標本を得た場合とでは，前者の方が，結果として仮説が検証される確率が高くなる場合が多い。

② 統計的検定の過程において，帰無仮説を立てる必要がある。帰無仮説とは，統計的検定の過程で，棄却される（否定される）ことが期待されている仮説である。例えば，検証したい仮説において，独立変数Xと従属変数Yとの間になんらかの関連があることが予想される場合，帰無仮説はその反対，XとYとの間には全く関連が認められない，となる。この帰無仮説が棄却できるとき，われわれは対立仮説である，本来検証したかった仮説を採用することができる。

③ 統計的検定は，帰無仮説を棄却する確率である，有意水準（α：アルファ）を設定することによって判断される。帰無仮説が母集団において真であるのに，誤ってそれを棄却（否定）してしまう誤りを，「第１種の過誤」と呼ぶが，このような間違った判断をしてしまう確率を，有意水準，あるいは，有意確率，危険率，α（アルファ）などという。この確率が十分に低かったならば，われわれは帰無仮説を棄却し，その反対である対立仮説を採用する。

④ 有意水準（α）は，一般的に0.05または0.01に設定される場合が多い。$\alpha=0.05$の場合は５％，$\alpha=0.01$の場合は１％の危険率があるとい

うことになる。つまり，帰無仮説が母集団において真であるのに棄却してしまう危険性が5％，あるいは1％あるということである。この確率が0.05未満，または0.01未満であった場合，帰無仮説を棄却することができる。0.01の方が，0.05よりも，厳しい基準であるといえるが，実際の分析では，計算の結果を得た上で，より厳しい基準を適用すればよい。つまり，計算された有意確率が，0.01未満ならば，1％の有意水準で帰無仮説を棄却し，0.01以上0.05未満ならば5％の有意水準で棄却し，0.05以上ならば棄却しない，といった具合である。また，①で述べたように，標本の大きさによって統計的検定の結果が左右されるということも，念頭に置く必要がある。

⑤　有意性の検定は，計算された検定統計量（カイ2乗値，t値，F値など）を標本分布（理論的な分布）に照らし合わせて，検討することによって可能になる。標本から母集団を推定するために求められる検定統計量にはいくつかの種類があるが，それぞれ，標本の大きさや自由度（統計量を計算する場合に変化することのできる値の数）に従って，ある一定の標本分布（図32-1参照）というものを示すとされている。有意水準を設定し，そのレベルに相当する標本分布上の検定統計量の値を限界値と呼ぶ。帰無仮説の下で計算された検定統計量と，この限界値とを比較し，前者の値が，後者の値以上であれば帰無仮説を棄却し，そうでなければ棄却しない。ここではこれらのプロセスについて詳しく言及することはさけるが，SPSSなどの統計パッケージを用いて分析した場合は，この検定統計量や自由度といったものを容易に算出することができ，また，有意確率も同時に提示することができる。

⑥　全体として最も重要なのは，しっかりとした仮説を立て，その仮説を検証するのに適した変数を用いること。そして，その仮説を検定するのに必要な統計的手法を選択し，その結果を正しく解釈することである。パソコンや統計パッケージの普及により，統計的計算をすること自体は，とても簡単なこととなっている。肝心なのは，的確な手法を用い，その結果に対して正確な判断を下すことである。
　　　　　　　　　　　　　　　（久保田）

34 エラボレーション

　クロス集計やカイ2乗検定は，2つの離散変数間の関連について検討するための手法であることを確認してきた。これらの結果を用い，最終的には仮説を検証することが目指されるわけだが，2変数間の関連が確認されたからといって，必ずしも独立変数と従属変数の間に因果関係が存在すると結論づけることはできない。2つの変数間に因果関係があることを，より説得力があるかたちで表現するために，しばしば第3の変数について考察する場合がある。2変数間の関係にしばしば介在する，他の変数の影響を除去したり，軽減したりした上で，その関係を再検討する必要があるのである。この第3の変数のことを，統制変数と呼ぶ。そして，2変数間の関係に他の変数が影響を及ぼすパターンには，疑似関係，媒介関係などがあげられる。

疑似関係

　2変数間の関連が，単なる共変動で，その関連が他の変数の影響によってもたらされたものである場合，その関係を**疑似関係**と呼ぶ。因果関係があるように思えた2変数間の関係が，実は見せかけの関係で，第3の変数がその2変数の共通の原因変数となっている場合がそれにあたる。

　その古典的な例としては，コウノトリと出生率との関係があげられる。コウノトリの巣が多く見られる地域では，巣が少ない地域よりも人間の出生率が高いと報告されたのである。欧米では，赤ん坊はコウノトリが運んでくるものだという言説が存在することは，一般に周知されているだろう。しかし，われわれは，そのような話は迷信に過ぎないことを，科学的思考を前提とした世界観の中で理解している。それでは，なぜコウノトリの巣と出生率との関係が確認されたのだろうか。ここで第3の変数を検討することによって，われわれは合理的な理解にたどり着くことができる。コウノトリの巣と赤ん坊の数は，都市部よりも農村部において多いのである。コウノトリは，自然環境が豊かな農村部において繁殖する傾向がある。それと同時に，都市部よりも農村部の方が，人々の家族に関する規範や生活様式に関して伝統的な要素を残しており，その結果としてある程度高い出生率が維持されていた。つまり，都市―農村といった地域差が，コウノトリの巣と出生率の両者に影響を及ぼしていることによって，このような見せかけの関係（疑似関係）が成立したのである。

　このように第3の変数を統制（コントロール）することによって，2変数間の関連について再検討していくことを**エラボレーション**といい，そこで疑似関係が確認された場合，エクスプラネーション（説明）が確認されたと表現することがある。A→Bという関係が実は見せかけの関係で，A←C→Bという関係によってもたらされたにすぎないということである。

媒介関係

　2変数の間に，それらの関連を仲介するような第3の変数が存在する場合，その関係を媒介関係と呼ぶ。独立変数と従属変数の間に，影響を及ぼす**媒介変数**によって統制することによって，2変数間の共変動が消失したり減少したりする場合がそれに当たる。

　媒介関係の例としては，簡単な例ではあるが，性別と個人収入との関連があげられる。女性に比べて，男性の方が高収入を得ているものが多いということが報告されたとする。ジェンダーによる地位の格差が依然として存在する社会において，このようなことが起こりうることは容易に想像できるが，この性別と個人収入という2変数の間には媒介となる変数が存在することにも，すぐに気づくことができる。職業，より正確には，就業の有無あるいは就業形態や職種，という媒介変数の存在である。女性は専ら家庭で家事や育児に専念し，男性は家の外で働くのが当然である，といった性役割分業観が色濃く残る社会では，当然として男性の就業率は女性よりも高くなる。また，女

性においては，家事や育児を優先するためにパートなどの労働時間の短い就業形態を選択するものも多くなる。フルタイムで働いているものであっても，結婚や出産によって，就業が制限されてしまうような社会では，職種の面でもジェンダー間の格差が生み出される傾向にある。このように職業という変数を媒介として，性別と個人の収入との関連がもたらされると考えることができる。

　このような媒介関係を発見するためには，第3の媒介変数によって，2変数間の条件を統制してあげればよい。つまり，同じような就業状況，職種の下で男女の個人収入にどの程度差異が見られるのかについて検討すればよいのである。職業を統制した場合に，性別による個人収入の差異が見られなくなったり，あるいは，その差異の程度が大きく減少したりした場合，そこには媒介関係が存在したと解釈することができる。このように，統制変数の導入（エラボレーション）の過程において，媒介関係が観察された場合，そのプロセスをインタープリテーションと呼ぶ場合がある。A→Bという関係が，第3の変数を媒介として，すなわちA→C→Bという連関の中でもたらされたに過ぎないということである。

　2変数間の関係に他の変数が影響するパターンとしては，このほかに複合要因があげられる。それは，A→Bという関係のみならず，C→Bという関係が認められ，AとCの両者がBに対する原因となる場合である。例えば，個人の収入はその人の学歴と職業の両者によって影響を受けるといった場合があげられる。

　統計分析の手法において，このような統制変数を用いた分析の例としては，まず3重クロス表の利用があげられる。そして，より高度な手法としては，重回帰分析に代表されるような，様々な多変量解析の手法を用いる場合がある。

(1) 2変数

　　A ─────→ B

(2) 擬似関係

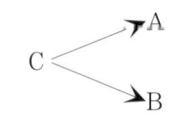

　　　　　　↗ A
　　C ＜
　　　　　　↘ B

(3) 媒介関係

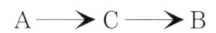

　　A ──→ C ──→ B

(4) 複合要因

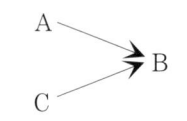

　　A ↘
　　　　　→ B
　　C ↗

図34-1　2変数関係における第3の変数の位置づけ

（久保田）

35 平均の比較（2値の場合）

ここでは，2値によって構成される離散変数と連続変数との関連を検証するための手法を紹介する。社会学におけるサーベイ調査では，測定される変数について連続変数より離散変数が多くなる傾向にある。ゆえに，離散変数間の関連を議論する，クロス集計やカイ2乗検定が最も基本的で，頻繁に用いられる手法であるといえる。しかし，年齢や収入，友人数など，連続変数として測定可能な変数も存在する。そのような連続変数を用いて分析をする場合において，最もシンプルなものは，離散変数を構成するグループ（カテゴリー）間で，その平均を比較する方法であり，統計的手法としては平均の差の検定と呼ばれる。

グループ間で平均を比較する場合，そのグループ（離散変数がとりうる値）の数が2つなのか，3つ以上なのかによって，用いられる統計的手法が異なる。グループが2つの場合は，一般的に t 検定という統計的手法が用いられ，グループが3つ以上の場合は，F 検定（分散分析）が用いられる。ここではまず，2つの平均の差を検定する（t 検定）について，実際の分析例を用いて簡単に説明することにする。

社会の近代化・産業化は，人口の都市化，すなわち都市への人口の集中をもたらしたが，それは同時に生活様式の都市化をもたらしたといわれる。そのような都市化のプロセスの中で，人々が日常的に形成する人間関係に大きな変容がもたらされたとされる。親族関係や近隣関係に代表されるような，親密な直接的接触にもとづく第1次的関係が衰退し，特定の利益にもとづき合理的に形成される第2次的関係が優勢になるという仮説が議論されるようになった。ここでは「都市化によって第1次的関係が衰退する」という仮説を，実際のデータを用いて検証してみよう。「都市化」の変数としては，都市部（市部）と農村部（郡部）という2つのグループによって構成される離散変数を用い，「第1次的関係」の変数としては，親しくしている近所の人の数という連続変数を用いることにする。すなわち，「農村部より都市部の方が，親しくしている近所の人（近隣ネットワーク）の数が少ない」という操作仮説を検証することとする。

2つの地域における近隣ネットワーク数の平均の比較（SPSSでは，独立したサンプルの t 検定）をおこなった。表35-1は2つのグループに関する統計量の記述で，最も重要なのは「平均値」の項目である。つまり農村部では親しくしている近隣の人数の平均値が約6.3人であるのに対し，都市部では3.8人であるということがわかる。この表だけを見ても，すぐに農村部より都市部の方が近隣ネットワークの数が少ない，という結論を導きたくなるであろう。しかし，このデータが標本によるものであることを忘れてはならない。われわれは，母集団全体について言及しようとしているのであって，この標本データの結果がどの程度，母集団の傾向を反映しているのかに関して注意しなければならない。

ここで用いられるのが，表35-2で示されている，統計的検定の結果である。2つのグループの平均を比較する場合，t 検定という手法がとられる。t 検定とは，t 値という検定統計量を用いておこなわれる2つの平均の差の比較である。カイ2乗値と同じように，t 値は統計学の理論において，一定の標本分布（t 分布）をとることが確認されている。ここで検定される帰無仮説は以下のようなものになる。

① 帰無仮説：農村部と都市部におけるそれぞ

表35-1 グループ統計量

	都市農村	N	平均値	標準偏差	平均値の標準誤差
ネットワーク（近所）	1.00 都市部	704	3.7557	4.93773	.18610
	2.00 農村部	176	6.3239	6.93172	.52250

表35-2　グループ統計量

		等分散性のための Levene の検定		2つの母平均の差の検定					
		F値	有意確率	t値	自由度	有意確率(両側)	平均値の差	差の標準誤差	差の95%信頼区間	

| ネットワーク（近所） | 等分散を仮定する。 | 30.747 | .000 | −5.649 | 878 | .000 | −25682 | 0.45460 | −3.4604 | −1.675 |
| | 等分散を仮定しない。 | | | −4.630 | 221.329 | .000 | −2.5682 | 0.55465 | −3.6612 | −1.475 |

れの近隣ネットワークの平均値は等しい
② 対立仮説：農村部より都市部の近隣ネットワークの平均値は低い

この帰無仮説が，母集団において棄却できるか，棄却できないかについて，t値を用いて統計的に検定するのである。ここでは，t値の算出方法や，検定の詳しいプロセスについては省略し，その分析の結果をいかに解釈するのかについて，以下に言及することとする。

表35-2は，SPSSを用いておこなったt検定の結果である。まずt値についてであるが，表の上段に−5.649という値が，下段に−4.630という値がそれぞれ示されている。実は，t値を導き出す公式は2つあり，2つのグループにおける連続変数の母分散が等しいと仮定される場合と，等しくないと仮定される場合では算出方法が異なるのである。そこで，どちらのt値を参照したらよいか判断するために，「等分散のためのLeveneの検定」における「F値」と「有意確率」を確認しなければならない。結論を言うと，F値が有意確率0.05以上であった場合，「等分散を仮定する」（上段）を選択し，F値の有意確率が0.05未満であった場合，「等分散を仮定しない」（下段）を選択する。この表の場合，有意確率は「0.000」（0.0005未満）なので，下段の「等分散を仮定しない」を選択する。すなわち，この帰無仮説におけるt値は−4.630で，その「有意確率（両側）」は「0.000」（0.0005未満）ということとなる。このt値の有意確率が，0.01未満，あるいは0.05未満であった場合，それぞれ有意水準1％未満，5％未満で，帰無仮説を棄却し，対立仮説を採択する。そして，この有意確率が0.05以上の場合は，帰無仮説を棄却しない。この例の場合，1％有意で帰無仮説を棄却し，対立仮説を採択する。すなわち，「農村部より都市部の近隣ネットワークの平均値は少ない」という結論を導き出すことができる。

（久保田）

36 平均の比較（3値以上の場合）

離散変数と連続変数との関連を統計的に検討する場合，離散変数を構成するカテゴリー（値）が2つの場合，先に述べたようにt検定をおこなうが，3つ以上の場合はF検定（分散分析）をおこなう。ここでも，実際の分析例を用いて平均値の比較と統計的検定のプロセスについて説明することにする。

t検定の例では地域（都市部－農村部）と近隣ネットワークの関連について分析したが，都市化という現象が，社会の近代化という過程において出現したということにも言及した。社会の近代化が直接，人々の社会関係のあり方に影響したということも考えられないだろうか。そもそも，第1次的関係から第2次的関係へという変動は，社会と近代化の諸特徴の1つとして議論されたものである。ならば，都市化のプロセスを前提せずに，近代化と第1次的関係の衰退との関連を理論仮説として設定することも可能であろう。そこで，ここでは近代化の操作的な定義として，暫定的に人々の年代を用いることとする。現在の日本社会も近代化の途上にあると仮定するならば，年代によって，人々の社会関係のパターンが異なると想定することができよう。よって，ここでは「年代によって，近隣ネットワークの数が異なる」という操作仮説を検証することとする。

表36－1は年代ごとの近隣ネットワーク数の平均値などの記述統計量を示したものである。SPSSでは，「グループの平均」という分析項目を用いてこのような表を作成することができる。20-30代においては2.3692人，40代では4.1623人，50代では4.7090人，60代では6.5593人という近隣ネットワーク数の平均値の変動が確認できる。20-30代で最も少なく，40代，50代はほぼ同数で中間的な値を示し，60代において最も値が高いという結果である。この表から，年代によって近隣ネットワーク数に一定の差異が見られるということが想定できるが，ここでもやはり，母集団の推定をするために，統計的検定をおこなうこととする。

3つ以上のカテゴリーの平均値を比較する場合，F検定（分散分析）という手法が用いられるのだが，SPSSでこの検定をする場合に最も簡単な手法は，「グループの平均」という分析項目を実行するときに，オプションで「分散分析表とイータ」という統計値の出力を指定することである。その結果が表36－2である。

ここでも，各統計量の算出方法などに関する解説を省略し，どのように結果を解釈するかを中心に説明したい。この分散分析表ではF値とその有意確率に注目する。F値とは「グループ間」の「平均平方」を「グループ内」の「平均平方」によって除することによってえられる値であるが，カイ2乗値やt値と同じように，理論的な確率分布（F分布）をとることが，統計学上確認されている。ここで検定される帰無仮説と対立仮説は以下のようなものである。

① 帰無仮説：20-30代，40代，50代，60代における，それぞれの近隣ネットワークの平均値はすべて等しい

② 対立仮説：20-30代，40代，50代，60代における，それぞれの近隣ネットワークの平均

表36－1　報告書

ネットワーク（近所）

年代	平均値	度数	標準偏差
1.00 20-30代	2.3692	260	3.06843
2.00 40代	4.1623	265	3.06094
3.00 50代	4.7090	409	6.00579
4.00 60代	6.5593	413	6.55814
合計	4.7171	1347	5.93984

表36－2　分散分析表

		平方和	自由度	平均平方	F値	有意確率
ネットワーク（近所）×年代	グループ間（結合）	2916.484	3	972.161	29.292	.000
	グループ内	44572.750	1343	33.189		
	合計	47489.234	1346			

値はすべて等しいわけではない

この帰無仮説が，母集団において棄却できるか，棄却できないかについてF値を用いて統計的に検定するのである。ここで注意しなければならないのは，対立仮説についてである。「すべて等しい」という帰無仮説の反対は「すべて等しいわけではない」であり，まちがっても「すべて異なる」というものではないということである。

結論として，F値の有意確率が0.01未満，あるいは0.05未満であった場合，それぞれ有意水準1％未満，5％未満で，帰無仮説を棄却し，対立仮説を採択する。そして，この有意確率が0.05以上の場合は，帰無仮説を棄却しない。この例の場合，F値は29.292で，有意確率は0.000（0.0005未満）となり，1％有意で帰無仮説を棄却し，対立仮説を採択する。すなわち，「各年代で近隣ネットワークの平均値は等しいとはいえない」という結論を導き出すことができる。先に述べたように，F検定の結果では，各カテゴリーの平均値は「すべて異なる」という結論は導き出せない，「すべて等しいとはいえない」ということに過ぎない。どのように異なるのかについては，まず各カテゴリーにおける平均値自体の差異を具体的に記述することが重要である。統計的に各カテゴリー間の差異を比較する手法は存在するが，より高度な説明を要するのでここでは省略する。

t検定の場合と異なるのは，F検定の場合，変数間の関係の強さを評価することのできる**イータ2乗**という値が求められるという点である。SPSSによる分析では，先に述べた「分散分析表とイータ」オプションによって，この値を求めることができる。

表36-3　連関の測定方法

	イータ	イータの2乗
ネットワーク（近所）×年代	.248	.061

「イータの2乗」と値は，つねに0から1の値をとる正の数を示す。これは独立変数（離散変数）によって説明される従属変数（連続変数）の分散の割合を測定するものである。この値が大きいほど独立変数の説明力が大きいということになる。この例の場合，イータ2乗値は0.061で，「年代」の「近隣ネットワーク数」に対する説明力は，6.1％であると解釈することができる。社会学におけるサーベイ調査では，この値が50％を超えるような高い値を示すことはまれである。実際には，20～30％といった値が得られればよいほうで，今回の例のように5～10％程度しか説明力がない場合が多いといえる。

(久保田)

37 相関関係と回帰分析

連続変数と連続変数との関連を統計的に検討する場合，まず，変数間に線形の関係が存在すると仮定した分析をおこなう場合が多い。高校までの数学で学習してきた1次関数のような関係として考えれば理解しやすいだろうか。つまり，独立変数が増大すると，それに対応して従属変数も増大する（正の関係），あるいは減少する（負の関係）といった具合である。そして，その関連は座標軸で表すならば，1つの直線に収束するようなかたちで表現されるというイメージをもってもらえば近い。

F検定による分析では，年齢変数を年代ごとにまとめた離散変数を用いて分析をおこなったが，ここでは，もとの連続変数である年齢をそのまま使って，近隣ネットワーク数との関連を議論することにする。つまり，「年齢が高くなるほど近隣ネットワークの数が増える」という仮説を検証することにする。

2つの連続変数間の線形関係を検証するには，回帰式という方程式を用いる。それは以下のようなものとなる。

回帰式：$Y = a + bX + e$

この数式は中学の数学で習った，1次関数の数式に似ていることにすぐ気づくであろう。ただ，中学の数学で傾きには「a」，切片には「b」というアルファベットを用いていたのに対し，ここではその「a」と「b」が反対になっている。また，「e」という値が存在する。このeは，残差項（誤差項）とよばれ，設定されたモデルで予測できないことを考慮して設定された項目である。回帰分析とは，大雑把に表現するならば，観測された独立変数Xと従属変数Yとの関係がこのような

表37-1　回帰分析

モデル集計[b]

モデル	R	R2乗	調整済みR2乗	推定値の標準誤差
1	.253[a]	.064	.064	5.76967

a．予測値：(定数)，年齢。
b．従属変数：ネットワーク（近所）

分散分析[b]

モデル		平方和	自由度	平均平方	F値	有意確率
1	回帰	3131.201	1	3131.201	94.061	.000[a]
	残差	45639.377	1371	33.289		
	全体	48770.578	1372			

a．予測値：(定数)，年齢。
b．従属変数：ネットワーク（近所）

係数[a]

モデル		非標準化係数 B	標準誤差	標準化係数 ベータ	t	有意確率
1	(定数)	-1.387	.649		-2.136	.033
	年齢	.119	.012	.253	9.698	.000

a．従属変数：ネットワーク（近所）

モデルでどの程度説明されるのかについて検証する手法である。

SPSSを用いて，回帰分析をするには，「回帰」項目の中から，「線形」を選択し，基本的には独立変数と従属変数を指定するだけでよい。ここでは，独立変数に「年齢」を，従属変数に「近隣ネットワーク数」を指定した。そこで得られた分析結果は，表37-1に示したように，「モデル集計」「分散分析」「係数」という3つの表によって示される。

この分析結果の中心となるポイントについて解説しよう。

1．「年齢」によって，もたらされる「近隣ネットワーク数」の変動，すなわち上記の回帰式における「b」の推計値は，「係数」の表における「非標準化係数」の「B」の欄，「年齢」の行に示されている「0.119」という値である。

2．また，上記の回帰式における「a」の推計値は，「係数」の表における「非標準化係数」の「B」の欄，「定数」の行に示されている「-1.387」という値である。

この1．2．それぞれの値は回帰係数と呼ばれ，それぞれ$b = 0.119$，$a = -1.387$ということにな

る。すなわち,「年齢」Xと「近隣ネットワーク数」Yの間には以下のような関係があると予測される。

予測式：Y＝－1.387＋0.119X

このような予測式によって示される関係が,母集団においても認められるかについては,回帰係数の検定をおこなうことによって判断される。

bの検定に関する帰無仮説はb＝0,aの検定に関する帰無仮説はa＝0で,それぞれの結果は,「係数」の表における「有意確率」の欄にそれぞれ示されている（bの結果が独立変数として投入された変数の行,aの結果が「定数」の行）。つまり,bの検定における有意確率は「0.000」で1％有意,aの検定における有意確率は「0.033」で5％有意となり,ともに帰無仮説を棄却することができる。よって,母集団においても年齢が上がると,近隣ネットワーク数が増えるということが,示されたこととなる。

また,「モデル集計」における「R2乗」の値が次に重要である。この値は,**決定係数**と呼ばれ,分散分析におけるイータ2乗値と同じように,この回帰式の説明力を表している。この値は,やはり,0から1までの値をとり,R2乗が1に近いほど,推計された回帰式の説明力が高いことになる。つまり,この「0.064」という値は,この推計された回帰式によって「近隣ネットワーク数」の分散の6.4％が説明されているということを示している。

2つの連続変数間に線形の関係（相関関係）が確認できるかどうかだけを検討するには、回帰分析を用いずとも、**相関係数**を確認すれば充分な場合もある。表37-2は、年齢と近隣ネットワークの間のPearson（ピアソン）の相関係数とその検定結果を表したものであり、この2変数間の相関は0.253である（1％有意）。この値は、回帰分析におけるR2乗値の平方根であり、（回帰係数bと同じ）正または負の符号を付ける。完全な負の関係の場合は－1、関係が全く見られない場合は0、完全な正の関係の場合は＋1の値をとる。この係数は線形関係の方向と強度を推定するのに用いられる。

表37-2　相関係数

		年齢	ネットワーク（近所）
年齢	Pearsonの相関係数	1	.253*
	有意確率(両側)	.	.000
	N	1403	1373
ネットワーク（近所）	Pearsonの相関係数	.253**	1
	有意確率(両側)	.000	.
	N	1373	1384

**. 相関係数は1％水準で有意（両側）

（久保田）

38 重回帰分析

連続変数間の関連を検討する場合に，回帰分析という手法が用いられることは，すでにふれたが，独立変数が2つ以上存在する場合，**重回帰分析**という手法が用いられる。

独立変数が1つで従属変数も1つの場合の分析は比較的簡単だが，独立変数が2つ以上ある場合，先にふれた疑似関係（見せかけの関係）などが存在する可能性があるので，独立変数間の相互の関係も考慮しなければならない。独立変数間の関係を統制（コントロール）した上でないと，それぞれの独立変数が従属変数に及ぼしている純粋な影響を取り出すことはできない。従属変数が連続変数で，独立変数が2つ以上あり，それらが連続変数だった場合，まず重回帰分析という手法を用いることができる（独立変数にはダミー変数を含むこともできる）。

図38-1は重回帰分析の考え方を表したモデルである。

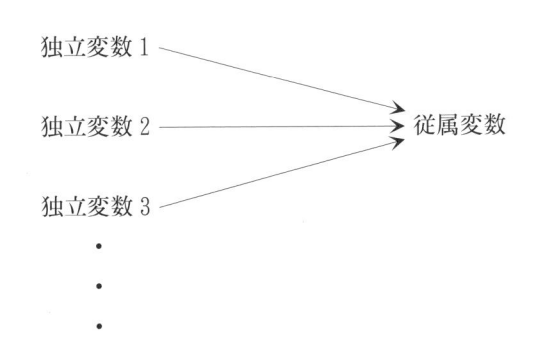

```
独立変数1 ─────┐
独立変数2 ─────┼──→ 従属変数
独立変数3 ─────┘
    ・
    ・
    ・
```

図38-1　重回帰分析の考え方

重回帰分析では，複数の独立変数のうち，どの独立変数が従属変数に対して統計的に有意な関連を持ち，またより大きな影響を持っているのかということを検討する。その場合，独立変数の相互の関連を検討し，その影響を取り除き，1つ1つの独立変数の純粋な（単独での）従属変数に対する効果を調べることができるのである。また，複数の独立変数全体で，どの程度従属変数の変動を説明できるのかについても，同時に検証することができる。

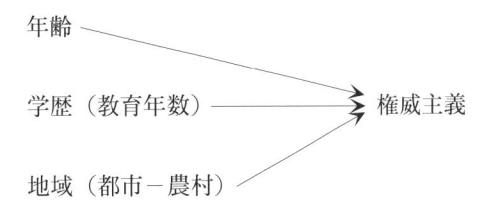

```
年齢 ─────────────┐
学歴（教育年数）────┼──→ 権威主義
地域（都市－農村）──┘
```

図38-2　権威主義に関する分析モデル

上の図は権威主義を従属変数とした，重回帰分析のモデルの例である。複数の独立変数が存在する場合，その従属変数との関連図は分析モデルと呼ばれる場合が多いが，それは複数の仮説が合わさったものだと言うこともできる。つまりこのモデルの場合，「年齢が高いほど，より権威主義的である」，「学歴が低いほど，より権威主義的である」，「都市よりも農村に居住しているものの方が，より権威主義的である」という3つの仮説を組み合わせたものである。ただし，重回帰分析の場合，重要なのは，単に3つの仮説を1つ1つ検証するのではなく，年齢，学歴，地域の3つの独立変数が相互に関連していることによる従属変数に対する影響を取り除き，それぞれの独立変数の純粋な効果を分析している点である。そして，さらにこの3つの変数で権威主義という変数をどの程度説明することができるのかについても検討する。

重回帰分析をする前に，それぞれの変数の分布と変数間の相関関係を確認しておくのが一般的である（表38-1, 2）。

権威主義は4つの離散変数を加算することによって構成された尺度を用いている。また，学歴は教育年数として連続変数に加工されており，地域（都市―農村）は都市（1），農村（0）のダミー変数として加工してある。従属変数（権威主義）に対する，相関係数は年齢，学歴，地域，それぞれ，0.147，−0.220，−0.030で，有意な独立変数は年齢と学歴（ともに1％有意）であるのがわかる。

一般的な重回帰分析は以下のような回帰式で示

38. 重回帰分析

表38-1　記述統計量

	度数	最小値	最大値	平均値	標準偏差
AUTHORT 権威主義尺度	1384	4.00	20.00	8.9277	3.15825
年齢	1403	20.00	72.00	51.5196	12.77491
教育年数	1414	9.00	16.00	12.4307	2.23190
都市―農村（ダミー）	1415	.00	1.00	.5088	.50010
有効なケースの数（リストごと）	1309				

表38-2　相関係数

		AUTHORT 権威主義尺度	年齢	教育年数	都市―農村（ダミー）
AUTHORT 権威主義尺度	Pearson の相関係数	1	.148**	−.218**	−.026
	有意確率（両側）	.	.000	.000	.331
	N	1384	1343	1356	1353
年齢	Pearson の相関係数	.148**	1	−.448**	−.030
	有意確率（両側）	.000	.	.000	.268
	N	1343	1403	1376	1392
教育年数	Pearson の相関係数	−.218**	−.448**	1	.114**
	有意確率（両側）	.000	.000	.	.000
	N	1356	1376	1414	1383
都市―農村（ダミー）	Pearson の相関係数	−.026	−.030	.114**	1
	有意確率（両側）	.331	.268	.000	.
	N	1353	1392	1383	1415

** 相関係数は1％水準で有意（両側）

される（独立変数が3つの場合）。

回帰式：$Y = a + b_1 X_1 + b_2 X_2 + b_3 X_3$

aは定数，b_1，b_2，b_3は重回帰係数と呼ばれる。その解釈が2変量の場合と異なるのは，これらの値は，他の独立変数を統制した場合に，それぞれの独立変数の変化した場合に従属変数がどの程度変化するのかを示している点である。

表38-3はSPSSによる重回帰分析の出力結果であり，2変量の回帰分析と同様に，まず注目すべきなのは回帰係数（非標準化係数B）である。権威主義に関する今回の予測式は以下のような結果を示したことになる。

予測式：
$Y = 11.454 + 0.01575 X_1 − 0.270 X_2 − 0.03417 X_3$

Y：権威主義，X_1：年齢，X_2：学歴（教育年数），X_3：地域

つまり，年齢が1年あがると，権威主義得点が0.01575ポイント上昇し，教育年数が1年あがると0.270ポイント下降する，というように解釈することができる。地域はダミー変数なので，若干解釈の仕方が異なり，農村より都市の方が平均で0.03417ポイント得点が低いということになる。

そして次に，標準化回帰係数（ベータ）に注目する。これは，あらかじめ3つの変数をz得点に変換して得られた，−1から1の値をとる，標準化された回帰係数なので，変数相互で比較することができる。権威主義のモデルにおいては，年齢，学歴，地域の標準化回帰係数はそれぞれ0.064，−0.192，−0.005で，学歴の絶対値がもっとも大きく，年齢，地域という順番になる。つまり，権威主義に対して最も大きな効果を有しているのは学歴で，年齢，地域と続くのである。

また，それぞれの効果が統計的に有意なものかどうかは，「係数」の表における有意確率を参照とする。この結果では，年齢が5％有意，学歴が1％有意，地域が有意な関連無し，ということになる。

そして，モデル全体（3変数合計）での従属変数に対する説明力は「モデル集計」のR2乗値

（決定係数）を参照する。このモデルの場合Ｒ２乗値は0.052で，3変数合計の説明力は従属変数の分散の5.2%ということになる。また，この説明力が統計的に有意なものかどうかは，「分散分析」の表における有意確率を参照する。このモデルに関しては1％有意で，あまり大きくはないが，一定の説明力の存在が検証されたこととなる。

表38-3

モデル集計

モデル	R	R2乗	調整済みR2乗	推定値の標準誤差
1	.227[a]	.052	.049	3.06303

a．予測値：(定数)，都市－農民(ダミー)，年齢，教育年数。

分散分析[b]

モデル		平方和	自由度	平均平方	F値	有意確率
1	回帰	667.233	3	222.411	23.706	.000[a]
	残差	12243.696	1305	9.382		
	全体	12910.929	1308			

a．予測値：(定数)，都市－農民(ダミー)，年齢，教育年数。
b．従属変数：AUTHORT 権威主義尺度

係数[a]

モデル		非標準化係数 B	標準誤差	標準化係数 ベータ	t	有意確率
1	(定数)	11.454	.773		14.814	.000
	年齢	1.575E-02	.007	.064	2.136	.033
	教育年数	－.270	.042	－.192	－6.360	.000
	都市－農村（ダミー）	－3.417E-02	.171	－.005	－.200	.841

a．従属変数：AUTHORT 権威主義尺度

（久保田）

39 パス解析

社会科学では変数間の関連を因果関係の形式において説明しようとする場合が多い。ある社会行動を，ある原因の結果として位置づけるのである。用いる変数が2つの場合，原因と結果はそれぞれ，独立変数，従属変数として仮説の中で示されるが，3つ以上の変数が一定の因果連関を示す場合も考えられる。そのような場合，**パス解析**という手法がしばしば用いられる。

パス解析をおこなう場合，使用する変数間の関連は，あらかじめ因果的なモデルとして設定しておかねばならない。図39-1は社会的地位に関する因果モデルの例である。

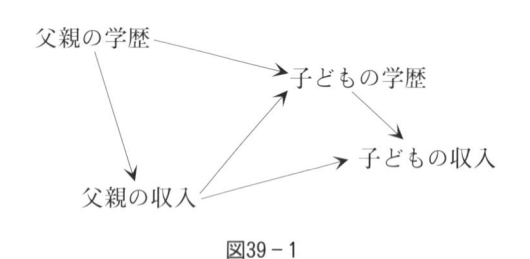

図39-1

このモデルでは父親，子どもの2つの世代に関するそれぞれ2つの社会的地位を示す変数（学歴，収入）が用いられている。これは以下の命題によって構成されていると言える。

① 父親の学歴が高いほど，父親の収入は高くなる。
② 父親の学歴が高いほど，子どもの学歴は高くなる。
③ 父親の収入が高いほど，子どもの学歴は高くなる。
④ 父親の学歴が高いほど，子どもの収入は高くなる。
⑤ 父親の収入が高いほど，子どもの収入は高くなる。

要約すると，世代間で社会的地位の連鎖は起こるのかという命題と，学歴と収入という2つの社会的地位変数は連動するのか，ということである。

ここで用いられている変数は，すべて量的に測定可能であり，また，それぞれの因果関係は時間的な順序から言っても特定可能であると思われる。つまり，一般的に父親の世代における社会的地位は，子どもの世代における社会的地位に対して，また学歴の取得は一般的に収入の獲得に対して，因果論的に（時間的に）先行する。演繹的にこのような因果関係が変数間に特定可能な場合，パス解析という手法を用いることができる。

パス解析は統計的には，重回帰分析の応用である。重回帰分析の説明において用いた変数をパスモデルに当てはめるならば，以下のような結果が得られる。このような図はパス・ダイアグラムと呼ばれる。

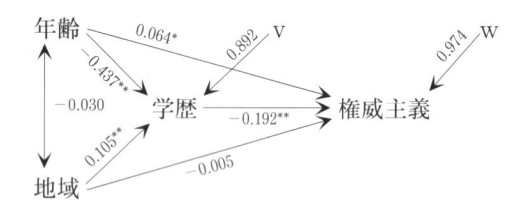

図39-2 権威主義に関するパス・ダイアグラム

パス（矢印）の横の数値はパス係数と呼ばれ，重回帰分析における標準回帰係数（ベータ）の値である。＊＊は1％有意，＊は5％有意である。学歴に有意な効果を示しているのは，年齢と地域であり，両者とも1％有意であるが，年齢の効果の方が大きい。権威主義に対しては，年齢と学歴が有意な効果を示しており，それぞれ5％有意，1％有意で学歴の効果の方が大きい。一方地域は，権威主義に対して直接の効果は示していないということになる。ただし，地域も学歴を媒介とした間接効果を有している。年齢も権威主義に対する直接効果はあまり大きくなく，学歴を媒介とした間接効果の方が優っている。このようにパス解析では直接効果と間接効果の検討が可能となる点が重要である。

学歴，権威主義に関してそれぞれ示されている，vおよびwは残差変数と呼ばれるものである。

（久保田）

40 多変量解析入門

多変量解析とは何か

多変量解析とは、3つ以上の変数を用いて解析する統計的手法の総称である。調査によって収集されたデータを分析する場合、まず1つ1つの変数に関して、度数分布や記述統計を確認することからスタートすることは、すでに言及した。その次のステップは、2変数の関係について、すなわち1つの独立変数と1つの従属変数によって構成される仮説を検証する。多変量解析は、その次のステップにおいて、しばしば用いられるより高度な分析手法であるといえる。

大量の情報を要約する

アンケート調査で用いられる調査票には、たいていの場合多くの質問が用意されている。また、国勢調査などの既存の統計資料からは、多くの項目に関するデータが得られる。そのような大量かつ多様なデータを分析する際に、それに含まれる1つ1つの変数について注意深く見ていくことは必ず必要であるが、下手をするとわれわれは大量の変数の迷宮の中に迷い込んでしまうことがある。そのような場合に、大量の情報を要約し、よりわかりやすい形で変数間の相互の関連を示すために多変量解析が用いられる場合がある。

変数を統制（コントロール）する

用いる変数が2つの場合は、その関連のパターンは単純である。どちらかが原因となる独立変数で、どちらかが結果となる従属変数であると想定するか、原因と結果の形式では表現できない、共変量の関係にあるかである。しかし、変数が3つ以上になった場合、話は多少複雑になっていく。

例えば、本人の職業を決定する要因を分析する場合に、まず検討すべき変数は本人の学歴であろう。しかし、第3の変数として父親の職業を導入した場合、この変数は本人の学歴と本人の職業の両方に影響を及ぼすことが考えられる（図40-1）。この場合、本人の学歴と職業の間の「純粋な」関連を確かめるためには、父親の職業が与える影響を除外する必要がある。父親の職業の影響力が決定的だった場合は、本人の学歴と職業との関係は見せかけの関係にすぎないということもありうる。

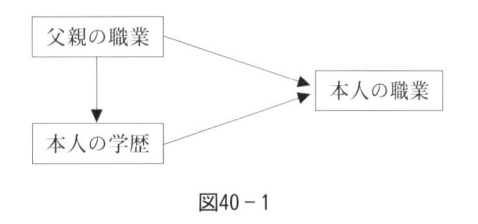

図40-1

仮説からモデルへ

変数が3つ以上用いられる場合、単に2つの変数間の関連、仮説を検証するのではなく、多様な変数によって構成されるモデルを分析することになる。ゆえに、モデルには複数の仮説が内包されているといえる。そして、具体的な統計的分析をする前に、どのようなモデルを立てるのかが最も重要となる。先行研究を踏まえ、そこに研究者の新たな発想を付け加えることによってモデルが構築されるが、そのモデルを検証するのに適した調査票の作成、データの収集がなされ、次に的確な統計的手法が選択されねばならない。

手法の選択

多変量解析には、様々な種類があるが、どの手法を選択するのかは、分析しようとするモデルに含まれる変数の特性によって決定される。図40-2では多変量解析の選び方をフローチャートの形式で示したものである。それぞれの手法についての詳しい解説はここでは省略するが、従属変数の有無、従属変数および独立変数がそれぞれ連続変数かどうかによって、利用できる多変量解析の手法が限定される。実際の分析はSPSSなどの統計

パッケージ（統計ソフト）で行われることになるが，利用可能な統計パッケージでおこなうことのできる分析手法には限りがあるので，一定の注意が必要である。

```
従属変数が    →  従属変数が    →  独立変数が    →  使用できる多変量解析の種類
ある              量的データ        量的データ

                                    ┌─（は い）── 重回帰分析　パス解析
                    ┌─（は い）─┤
                    │              └─（いいえ）── 分散分析　分散共分散分析
                    │                              多重分類分析　数量化理論Ⅰ類
       ┌─（は い）─┤
       │            │              ┌─（は い）── 重回帰分析　判別分析
       │            └─（いいえ）─┤                ロジスティック回帰分析
       │                            └─（いいえ）── 対数線形モデル　数量化理論Ⅱ類
───┤
       │                            ┌─（は い）── 因子分析　主成分分析
       └─（いいえ）───────────┤
                                    └─（いいえ）── クラスター分析　多次元尺度法
                                                    数量化理論Ⅲ類
```

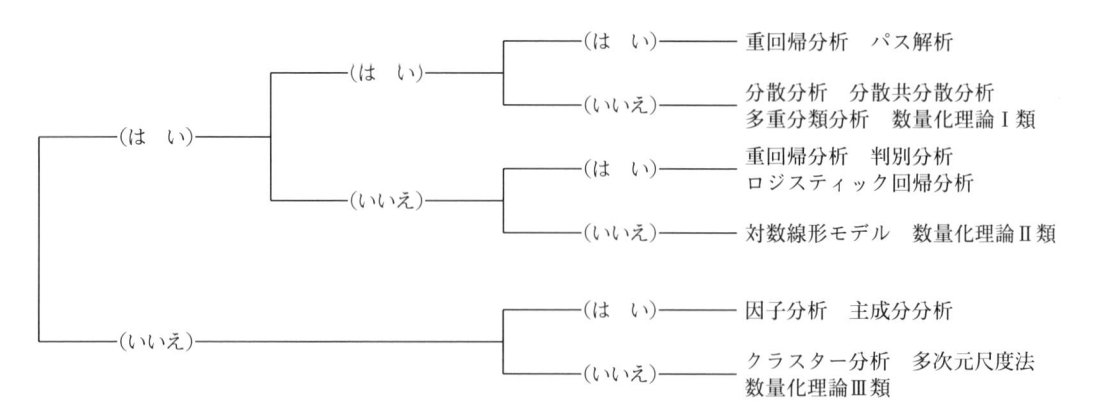

古谷野亘『数字が苦手な人のための多変量解析ガイド』川島書店，1988，p.24 より作成．

図40-2　フローチャート・多変量解析の選びかた

（久保田）

41 因子分析

今まで見てきた分析の手法は独立変数と従属変数との関係を明らかにするためのものであった。しかし、従属変数が存在しない統計的手法も存在する。ここで紹介する**因子分析**は、複数の変数間に内的な関連（似通った傾向）を見いだし、その結果を要約するために用いられる。因子分析の考え方は図41-1のように示すことができる。

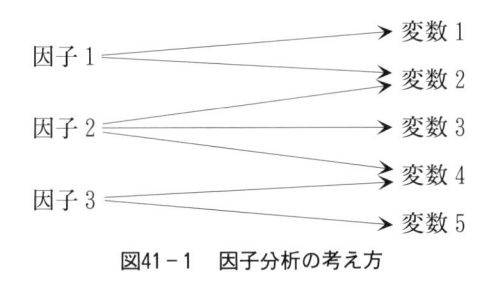

```
因子1 ──→ 変数1
      ╲↗ 変数2
因子2 ──→ 変数3
      ╲↗ 変数4
因子3 ──→ 変数5
```

図41-1　因子分析の考え方

ここで示した変数とはアンケートで質問した項目であり、実際に観測された変数である。その一方で因子は、質問項目のかたちでは測定されていない、潜在的な変数である。それらは、測定された諸変数の背後にあり、いくつかの変数を説明すると想定されている。われわれは、観測された変数間の関連（共通性）を頼りに、目に見えない因子を探り出さなければならない。

因子をどのように、いくつ抽出するのかについては、いくつかの手法がある。ここでは、細かな因子分析の手法について紹介することは避け、大まかな分析の手順について紹介する。

(1) 変数の選択

因子分析で用いることのできる変数は、厳密には連続変数（間隔尺度以上）である。しかし、実際には5段階や4段階の順序づけ可能な離散変数（順序尺度）なら用いられることが多い。順序づけできない離散変数（名義尺度）は基本的に因子分析には適さない。また、因子分析で用いる観測変数の数は、結果として抽出される因子の3から4倍程度だと考えて良い。そして、変数間には一定の相関が存在すると想定され、そこから共通の因子を探していくことになる。

(2) 初期解の計算

因子の分析では、正解は1つしかないのではなく、いくつもの結果が段階に応じて得られる。初期化解とは、その第1のステップのことである。具体的には因子の抽出の仕方（主因子法、最小2乗法、最尤法など）を選択する。最近は最尤法を用いることが多いようであるが、手法によって異なる結果が得られることもある。共通性をどのように推定するのかによって手法が分かれる。

(3) 因子の数の決定

因子の数を決定する場合も絶対の基準があるわけではない、一般的には固有値と寄与率を参考にしつつ決定する。SPSSなどで特に指定しない場合、固有値1以上のものが選択される。

(4) 軸の回転

析出された因子を解釈しやすくするために、因子の軸を回転する場合がある。回転の手法に関しても、大きく分けて直交回転と斜交回転があり、さらに細かな手法が存在する。さしあたりバリマックス回転（直交回転）を選択する場合が多い。

(5) 因子の解釈・命名

最終的には因子分析の結果を見て解釈し、因子に名前を付ける。析出された各因子に対する因子負荷量の高い変数群を参考にしながら解釈し、その特徴にふさわしいネーミングをおこなう。

(6) 因子得点や尺度の計算

因子分析の結果は、因子得点として保存したり、その結果を参考に新たな尺度を計算したりして、新たな分析に用いられる場合がある。

（久保田）

参考文献
松尾太加志・中村知靖『誰も教えてくれなかった因子分析――数式が絶対に出てこない因子分析入門――』北大路書房，2002．

42 報告書を作る

調査，分析が終わったら**報告書**を作成する。報告書の様式は，調査の手法や内容によって異なることが想定されるが，以下では一般的な調査報告書の構成について紹介する。

調査票の構成例

(1) 調査の目的

まず，はじめに何を明らかにするために調査をしたのかについて言及する必要がある。前提となる問題意識について説明することはもちろんであるが，調査に関する理論的な背景や中心となる仮説などについてできるだけ言及すべきであろう。

(2) 調査の概要

どのような調査をおこなったのかについて，明確なかたちで記述する必要がある。調査のタイトル，調査主体・組織の概要，対象集団（母集団）や対象地域，サンプリングの手法，調査の手法（面接法，郵送法など），実査の期間，サンプル数や有効回収率などに関する情報，主な調査項目などについて明記する。

ここで，章立てなど，分析方針の要約などをする場合もある。

(3) 分析結果

テーマごとに章立てをおこない，それぞれの領域において仮説の検証，分析結果の記述，解釈をおこなう。章立てや分析の分担については，調査・分析の前に，仮説を検討し，調査票を作成する時点で，ある程度見取り図を描いておくべきである。

(4) 知見の要約（まとめ）

分析によって得られた結果を，最終的に要約する語りで再度言及する必要がある。この調査によって何がわかったのか，についてわかりやすく提示することが望ましい。また，今後の課題や，調査に関する反省点なども書き加える。

(5) 資料

最後に，調査に関連した資料を添付する。

調査票，すべての変数に関する単純集計表・記述統計表，コーディングやデータの入力に関するガイド，調査依頼状や督促状，調査対象や調査地域，調査テーマに関する情報，年表，調査スケジュールなど。

図表を作る

報告書や論文において，分析の結果を紹介する場合，SPSSなどの統計パッケージの出力結果をそのままコピーする場合もあるが，一般的にはその結果をExcelなどの表計算ソフトを用いて，体裁を整えた上で掲載する場合が多い。SPSSの出力から余分な情報を削除した上で，コンパクトな表として整理し直すか，より直感的に把握しやすいように，表やグラフを作成することがしばしば行われる。重要なのは，読者にわかりやすいように過不足無く，分析結果を表現することである。

表の場合，そのタイトルは表の上に記し，図の場合は，そのタイトルは図の下に表記するのが一般的である。また，表および図の番号はそれぞれ別個に1から通し番号を付ける。

（久保田）

第IV部　意味を探る

ガイダンス

量的調査と**質的調査**という区分は，あくまでも便宜的なものに過ぎない。**標本抽出（サンプリング）**から始まる標準化された手続きによらない調査や，統計的なデータ処理を前提としない調査のすべてが，ひとまとめにされて質的調査と呼ばれているのが現状だ。ここでは，**インタビュー調査**，**観察**，**生活史**，**エスノグラフィー**，**ドキュメント分析**，**内容分析**，**会話分析**などを取り上げているが，それらをまとめて同じものとする分類はあまりにも粗すぎるものだ。

その不当にもひとまとめにされた調査手法の数々は，やはり一括されて「非科学的」とされ低く扱われてきた過去がある。けれども，なしうる範囲でより科学的な調査にするよう，つまりは，事実の客観性を高めるよう試みるのは当然のこととして，調査の手法は，手続きの「科学的」な外見から選ばれるものではなく，あくまでも調査対象の性状と明らかにすべき目的によって決定されるものである。

例えば，「有名タレントの追っかけ」について調査をする場合，そもそも母集団を設定できずサンプリングは不可能である。手っ取り早く「アンケート」を取りたがる人もいるが，そこでの数字の大小に意味があるとは思えない。では，「有名タレントの追っかけ」は，調査の対象にはなりえないのか。そんなことはないだろう。もし，標準化された統計調査のみが調査であるならば，調査を通じて知り得る人や社会のかたちは随分とみすぼらしいものになってしまうだろう。

具体的な調査対象があるのであれば，その対象から得たい事実を得るために，妥当な調査手法をまず決めなければならない。第Ⅳ部は質的調査の手法の解説を行ったものであるが，このパートを通じて，恐らく読者がイメージするよりもはるかに多彩な調査手法をできるだけ知っていただき，適切な手法の選択をする上で役立てていただきたいと考えている。

質的調査という区分はあくまでも便宜的であるとは述べた。しかし，「質」という語の含意は措くとして，ここで取り上げた調査は，帰納的な態度を要請されているという点では共通しているといえなくもない。量的調査においては，多くはその手続きは演繹的である。そこでは，あらかじめ立てられた理論命題から作業仮説を構成し，取り出すべき情報も精選される。だが，質的調査の場合，調査の現場では何が飛び出すか分からず，その予期しなかった情報・出来事を飲み込みながら，それらすべてを踏まえた解釈が要求されることになる。「ノイズ」は除去されるべきものではなく，新しい認識を生産するために不可欠なものだ。質的調査は，そこでの認識が適切に帰納主義によって貫かれるならば，「常識」や既成概念を乗り越えて，人間観・社会観を豊かにしていく役割を果たすことができる筈だ。

43 質的調査とは何か

　質的調査は，標準化された大量データの統計分析を行う**量的調査**に対し，**インタビュー**（**45**，**46**参照）や**観察**（**44**参照）の記録，手紙や日記などの**パーソナル・ドキュメント**（**47**参照）などのデータを統計処理の前提なしに収集し，その解読をなすものである。量的調査が限定的な仮説の検証を目指し**定量的手法**（**3**参照）を用いて精選されたデータを対象から引き出そうとするのに対し，質的調査では対象の全体像を記述することを目的として主に**定性的手法**（**3**参照）を用いて質において限定のないデータを収集する。量的調査／質的調査の分類と似通ったものとして**統計調査／事例調査**の分類がある。この2つの分類は同義ではなく，前者は調査方法の分類であり，後者は調査プロジェクト全体の性格の分類である。統計調査においては，量的調査の方法が主として用いられることになるが，事例調査においては，調査目的と調査対象の特性に合わせて質的調査と量的調査どちらかがあるいは両方が適宜選択される。ただ，個人の**生活史**（**48**参照）や集団の**エスノグラフィー**（**49**参照）がそうであるように，個性的特徴をも含めその全体像を描き出そうとする事例研究は，質的調査とよくなじむとはいえる。

　仮説の検証を通じての理論構築を研究の目的とする観点から，質的調査は量的調査に「劣る」あるいは「付随する」ものともみなされてきた過去がある。実際，質的調査は，被調査者の**代表性**（**14**参照），語られたデータの**信頼性・妥当性**（**2**参照），調査者による解釈の適合性などについて，曖昧さを有している。だが，標準化された手続きを取ることが難しい対象を排除していったとしたら，社会学の扱う社会像や人間像は相当に矮小化されたものになってしまうだろう。仮説演繹型の研究プロセスは，認識の地盤を揺るがせる「ノイズ」を取り込む仕掛けをもたないため，調査者の「常識」によって拘束されがちである。これに対して，「まるごと」を志向しつつ情報を集めそれゆえ「ノイズ」に晒されやすい質的調査は，社会科学が価値から自由な事実認識へと向かうために必要な制度であるとさえいえる。統計調査においても，事前調査や補足調査として質的調査による補完が望ましいのはそのためである。

　しかしながら，今述べた質的調査の積極的意味に照らして，質的調査の現状は多くの問題を抱えていると言わねばならない。一部には，量的調査における人間の断片化・部分化を否定し，質的調査における全体志向を無条件に肯定する考えがあるが，それはロマンティシズムや現場主義（現場を知るものが現場に詳しいとただちにみなす反射）の幻想にもとづく錯誤である。標準化された手続きによって規制されず，また，量によって測られもしない質的調査が，結局のところ調査者の貧しい「常識」に沿った印象記に堕落する危険はやはり大きい。結局のところ，「ノイズ」に無防備な質的調査ゆえに直面しやすい自己相対化の機会も，生かされなければ意味はないということである。

　質的調査においてまとめあげられた作品は，説明的ではなく記述的にみえる。しかし，確かに限定された仮説命題の検証が行われないとしても，収集された個々の事実の1つ1つが関連づけられ相関関係や因果関係も見出されていく訳で，多数の命題の束として「厚い記述」（C.ギアツ）がなされることは強調されねばならない。その意味で，質的調査は，理論的研究とも深く結びつくことによって，その内容を豊かにしていくものである。どのような調査も，ゼロからの出発などありえない。

（西澤）

参考文献
桜井厚『インタビューの社会学』せりか書房，2002
U.フリック，小田博志他訳『質的研究入門』春秋社，2002

44 観察する（見る）

観察とは，対象と接することで情報を引き出す営為を全て含む。だが，主として視覚による対象へのアプローチを狭く観察と言うこともある。ここで述べるのは，この狭義の観察である。狭義の観察には，観察者が対象を統制して行う実験を含むが，それについてはここでは触れないことにする（対象や観察方法に一定の統制を加える統制的観察法については **3** 参照）。すなわち，ここで述べる観察とは，いわゆる印象と境界が不分明な，見ることによる情報の獲得の過程のことである。

人は，ある風景を，ともにその風景を見る人と，同じものとして見るわけではない。例えば，大学生にとっての家から駅までの見なれた道の風景も，その道を歩く主婦や営業のサラリーマンや建設労働者とは違ったものとしてある筈である。誰もが街中のファーストフードショップやコンビニエンスストアにまず眼が向くという訳ではない。

何を見るのかあるいは何を見ないのかは，見る者の社会的な位置とその履歴によって深く拘束されている。それゆえ，印象に身を任せることは，認識の社会的なかたよりをなぞるものとなりがちだ。とはいえ，観察において，印象を捨て去ることが必要な訳ではない。そのようなことはそもそも不可能である。そうではなくて，むしろ何につけ印象をもつことは重要で，そこでの印象を出発点としつつ，それを自己統御し客観化していくことが求められているといえる。客観へと開かれることを条件として，観察の記録や写真，映像もデータとすることが可能である。

印象の客観化にあたっては，まず，そこでの印象を関連づける思考が求められる。関連づけは2つの方向に向けて行われなければならない。1つには，印象づけられた現象と，それとは異なる場所，時間において見られた現象の重ね合わせである。そもそも比較は，共通性の認められない現象の間では不可能であり，共通の地平の上でこそようやく可能になる。「似ている」「同じだ」といったカテゴリー化は，比較をし差異を検討していく上で必要なステップである。2つは，印象として捉えられた現象を発生させたり促したりする要因のたぐり寄せである。要因として推測された何ものかと把握された現象との間の関係は，命題として仮に定立される。さて，こうした2つの関連づけがあいまって，印象は検証され比較される可能性をもつことになる。例えば，ニューヨークでアフリカ系の人々のファッションは「派手だ」という漠然とした印象をもったとする。これに，経営者に在日韓国・朝鮮人が多いというパチンコ店や世界のチャイナタウンの「派手さ」を重ね合わせてみる。そうした重ね合わせの上に，マイノリティであることが自己の強い誇示を促させるのではと，要因のたぐり寄せを行ってみる。このような思考をすすめることによって，印象は命題へと置き換えられ，検証に晒されうるものとなる。

さらに，検証をたやすくするために，印象を数値化する作業が行われていい。今和次郎らが，**考現学調査**において行ったように，人や風景をいくつもの指標に分解しそれぞれの指標の数をひたすら数えるのである。「派手」という漠たる印象は，ある種の衣服や装飾品を身につけている人の比率の相対的高低という形で根拠づけられるかもしれないし，そうすることで，場所や時代による差異も客観的に論じることができるようになる。

しかし，そもそも印象をもつこと自体，ある種の能力を必要とするし，重ね合わせやたぐり寄せには能力に加えて知識もいるだろう。観察する身体を発動させるためには，多様な世界への関心を持続させる工夫が必要である。なじみの薄い人々とあえて社交しコミュニケートするよう心掛けたり，コンビニエンスストアの雑誌コーナーで片端から目を通してみることを習慣づけたりといった風に。電車の中で見かける人々から目をそらしたり耳を塞いだりしていては話にならないだろう。

（西澤）

参考文献
今和次郎（藤森照信編）『考現学入門』ちくま文庫，1987

45 インタビューをする

　標準化された大量調査においては、全ての対象に同一条件を用意することが厳しく求められる。しかし、質的なデータの収集を狙いとした**インタビュー調査**では、調査における「聴き方」も違ったものになる。だが、標準化されないとはいえ、あらかじめ準備しておくべきことは多い。まず、下調べは必須で、対象者が帰属する集団やカテゴリー、地域についての情報収集は欠かすことができない。例えば、公園に集まって小さな子どもを遊ばせている母親たちという現象について調べるために当の母親たちにインタビューするとなると、当然、乳幼児のいる家庭の一日の流れや、同年代の女性たちの就業率や育児休業制度の現状、保育園や「お受験」の実情などを知らなければ、インタビューも表層的なものに留まるだろう。私たちは、たとえ対象が家族や隣人であったとしても、実はその人たちのことに詳しくはないのだ。

　加えて、具体的なテーマもあらかじめ設定する方がよい。例えば、公園の母親の場合、「公園でのコミュニケーションは育児不安を軽減するのか」とか、「母親たちのグルーピングに学歴は影響しないのか」とか、「決して仲がいいとは見えない母親たちが関係を持続できる秘訣は何なのか」とか。人は無限の情報収蔵庫なので、インタビューにも切り口が必要だ。説明すべきテーマを設ければ、仮説めいたものをいくつも立てながら、関連する質問を思い浮かべていくことができる。

　次に、質問項目リストづくりに入るが、テーマが絞られても、質問は残念ながら網羅的なものにならざるを得ない。問いを解く上で、その人がいかなる生活世界を生きておりまた生きてきたのかとを関連づけて解釈する必要があり、それを浮かび上がらせる質問は多面的になされなければならないからである。現時点での関係についての質問はまず欠かせない。その人は、誰と、どの程度、何を介し、何をやり取りしながら生きているのだろうか。また、そこでの関係において何を感じ何を思っているのだろうか。テレビや雑誌、新聞などのメディア接触についての質問も必要だ。また、ファッションやこだわりのあるモノは、その人が生きる世界を示す。そうした話は大切に聴き取っておきたい。さらには、そうしたことを過去にさかのぼっても聴いていく。「身も蓋もない質問」も避けてはならない。親や本人の職業、収入、学歴などの、アンケート票において**フェイスシート**（**17**参照）に相当する質問も交えていく。それらは、その人の人生に、まずもって大きく影響しているものであるから。これらにテーマに関わる質問を加えたものが、だいたいの質問項目リストとなる。

　随分と質問項目が増えてしまった。だが、早上がりに「なぜ」という直接的な問いかけですべてをわかろうとしてはならない。その問いへの回答は、事後的に構築された「動機」に過ぎず、その人をそうさせた理由の一部しか把えていないからである。答は、あくまでも問いを立てた調査者の解釈によって導き出されると考えた方がよい。

　さて、ペンとノートとレコーダーをもって調査にうかがう。あいさつ、調査の趣旨説明、レコーダー使用のお願いから始まって、話を聴いていく。あいづちや確認の質問も交えつつ、調査は進行する。用意された質問項目リストは、あくまでも最低限のものをこちらの事情で並べたに過ぎない。基本的に、話の流れの主導権は被調査者にある。発見はむしろ、こちらの想定から外れたところにあり、そこには真摯に耳を傾けたい。インタビューによって、あらたにテーマが発見されることも当然あるのだ。

　そこで発せられる言葉に対し、調査者と被調査者の間の関係性が反映することは避けられないことも、わきまえておきたい。被調査者にとって調査者である私とは何者であるのかについて充分に自覚することが、事後の解釈のためにも求められるのである。

（西澤）

参考文献
桜井厚『インタビューの社会学』せりか書房，2002

46 インタビューデータを読む

　テープおこしした記録は、そのままでは読めないケースがままある。なぜならば、多くの人は、書くようには話さないからである。また、記録として汎用性をもたせるために、前後を並べ替えたり、補正的に若干の言葉を加えたり（その際、被調査者の語彙にない言葉を用いないなどの原則を立てる必要があるだろう）といった編集作業が行われるのが常である。そのような作業をすすめながら、記録は何度も読み返されることになる。事実はそこに多様なかたちで埋もれている。

　インタビューで語られる事実は、大づかみには客観的な事実と主観的に構築された事実の二層構造としてあるといってよい。多くの場合、客観的な事実の層は、構築された事実の層によって包まれている。例えば、「私は平凡なサラリーマンです」という言明においては、その人が民間企業に雇用されているという客観的な事実の層が、その人によって付与された「平凡」と「サラリーマン」と「平凡なサラリーマン」の意味、そこで「平凡なサラリーマン」であるとあえて言明することの意味によってくるまれている。当然その意味は、巨大企業の本社に勤務する係長と地方都市の自動車のディーラーとでは違うわけで、その人が生きる、生きてきた世界と関連づけながら、調査者によって解読されねばならないものだ。言葉の中では客観的な事実と構築された事実は絡み合い結びついて現われ、しかも、被調査者について理解する上で、その両方が意味深い。客観的な事実によって拘束されて構築された事実はあるし、また構築された事実は客観的な事実の主観的経験である。前者の向こうに後者を、後者の向こうに前者を聴き取るようでありたい。

　構築された事実の層は、被調査者によって整序され物語化していることがままある。複数の世界の間での移動、並存、分裂は、近代以降にはつきものであるが、そうした状態のもとで、人は、あるものをなかったことにして遠ざけたりまた並存する複数の世界を包括したりと言葉をたぐりよせつつ、自己イメージとライフストーリーを構築している。整序されることによって、客観的な事実の層が見えにくくなることもあるが、示された物語は、被調査者の主観的現実を示すものとして解読の対象となる（48参照）。

　さらに、言葉がどのように選び取られるのかも、被調査者の生活世界を知るポイントである。まず、語彙やパターン化された句に着目してみる。語彙や句のかたよりは社会的位置によって規定されているからである。

　語や句の意味は、生活歴と関連しつつ、ずらされることがままある。そこでのずれも重要だ。こういった例があった。ある学生が、「団体行動は重要だ」と述べた。一般に、そうした発言は、集団主義を強調するものとされる。だが、地方都市から東京の大学をまっすぐに目指し未知の領域へと活動的に足を踏み入れていく彼女の生活態度は、集団主義と矛盾するようにも思えた。もう少し話を聞いて分かったことは、彼女は、何よりも様々な人々との社交に重きを置いており、それを「団体行動は重要だ」という常套句で表現していたのである。この場合、そこでの転用自体が彼女の履歴を物語る。

　語られないことも重要である。沈黙や回答の拒絶にはもちろん意味がある。嘘（何をもって嘘とするのかは難しい問題だ）や誤解にも意味がある。また、多弁な人の場合、逆に話の中において忌避していることが浮かび上がることもある。それらもまた解釈の対象となる。

　回答は、他の質問への回答やその他の資料と関連づけられつつ解釈されて、記録としての厚みを増す。語りと解釈をセットにし項目別にまとめておけば、時間がたっても読みやすく作品化する際に便利である。

（西澤）

47 ドキュメント分析

ドキュメント分析とは，新聞や雑誌などの刊行物や統計資料，手紙や日記などの個人的な記録など，公私や形式を問わずおよそ「ドキュメント」と呼びうるような記録や文書を対象とする分析のことをいう。扱いうるデータの範疇はとても広く多様であるから，分析の方法や手順はどんな問題関心でどんなドキュメントを用いるかによって異なるといっても過言ではない。つまり，この分析の特徴の1つは，知りたいこと（問題関心，テーマ）と，そのことを確かめたり調べたり，知るためのソース（ドキュメント）との出会い，そこから展開していく世界（解釈，分析）の結びつきが多種多様なことである。その結びつき方がドキュメント分析の成否を決めるといっていいだろう。

何がデータになるか：データの収集

では，どんなデータが分析の対象となるのだろうか。ドキュメントと呼べるものならば，何でも分析の対象となりうるといえる。それではあまりに漠然としているので例をあげておくと，過去の時代を取り扱う場合など比較的分析によく用いられるのは，新聞，雑誌などの刊行されたもの，個人が書いた日記や手記が活字になっているもの，それらをまとめた資料集などである。どのようなドキュメントがよいドキュメントなのか。原則として原典に近く直接的なデータがよいというオリジナル志向はドキュメント分析にもある。できるだけ量や質とも厚みがある方がよい。しかし問題関心によってはある記述，ある語りが流通して広まっていったり，変容していったり，受容されたり，されなかったりという過程自体に意味があることもある。そうなると，原典を見るだけでは不十分で，どのように複製され，変容を加えられていったかが重要である。

自身の足で集めた直接的，一次的なデータほどよいという立場からみると，すでに他者によって別の意図によって記録，収集されたデータは，二次的で価値が低いと考えられがちである。どんな形のデータであれ「純粋に」客観的ではありえないのだが，ドキュメント分析の場合，データの**代表性**，信憑性や分析の妥当性をはかる**尺度**が規格化できないということで，絶えず「客観性問題」が提起される。しかし反対に，そこに存在するドキュメントが全く社会の現実と無関係であるかというとそれもまた否である。重要なのは，まずそのデータの性格をきちんと把握しておくこと（資料批判），そこから何が見えてくるのかを自問することである。

もちろん，記載漏れが多い文書と少ない文書のどちらが好ましいかは言うまでもないことだし，Aという人が何を考えていたかを知りたいとき，Aさんが書いたものと，他の人がAさんについて書いたものとではその意味が異なることも明白である。どのデータの質にも優劣がないなどとは言えないが，その優劣は，どのような基準で，どのような問題関心を持ってそれをはかるかによって異なりうるということは留意したい。

データの性格の把握：資料批判

何でもデータになりうるが，大切なことは，その文書がいつ，どのような意図で残され，誰がどのような意図でそれに関与し，どこに流通したかをできうる限りきちんと把握しておくこと，そしてそれをどのような手順で分析，解釈したかを明示することである。ある記録が残される過程，特に活字として印刷され刊行された場合には，書き手，受け手だけではない複数の人や機関が媒介している。当然，そこには複数の意図も働いているだろう。公的私的を問わず，都合の悪いことは記録に残さない，ということもある。極めて「個人的」と思いがちな日記も誰かが後で読むことを想定して残されているものも少なくない。そういったデータの特徴は，その限界も含め，把握するための労力を怠ってはならないし，そのことを明示しておくことが必要である。それを怠ると，都合のいい資料で言いたいことだけ言っているお手軽

で恣意的な分析だ，という批判をすぐさま受けてしまう。妥当性をはかる「客観的な」基準がないドキュメント分析の場合，このことは特に重要なことである。どんなデータにも限界はある。問題があるからやめるのではなく，限界を認識した上で，そのデータが開いてくれる世界に目を向けること，これが**ドキュメント分析**の醍醐味だろう。

　さて，データに対して正直に向き合うほどにデータの限界というものが見えてくる。知りたいことを100％含むデータに出会えることは希有である。そういった場合，似たような他の文書を探したり，別の角度から残された資料とつきあわせてみることを試みる。例えば，ある雑誌の投書にあらわれる特徴が，その雑誌を読む読者の社会層の反映なのか，それとももっと広く社会意識の反映なのか，あるいは雑誌の性格，編集者の意図がそうさせたのか。このことを確認するためには，分析の対象期間を長くしてみるという方法や，異なった社会層を対象とした雑誌や新聞を比較参照する方法がある。その時代の統計資料から投書に出てくる生活像を補う，ということもありうるだろう。

分析と解釈の方法

　さて，そんな苦労をへてデータを集めても，集めて提示しただけでは，「社会学」にはならない。それを分析，解釈しなければならない。分析作業の重要な行程として整理・分類をあげることができる。問題関心にそって重要な箇所，キーワードなどを抽出し，分類する。例えば投書の分析を例にとれば，キーワードごとに集めて分類してみると，時代や集団ごとの特性や差違，変化が見いだされるかもしれない。ある時点から似通った特徴が見いだされるとか，2つの意見に分かれるといったわかりやすい特徴が発見されることもある。しかし，わかりやすい発見は，皮肉なことだが往々にしてあまり新しい発見でない場合もある。むしろその発見をもう一度疑うぐらいのしつこさが欲しい。

　知りたいことが集めた資料から「うまく」見つからないこともある。そうなると苦しい。だが，そういった一見「無駄にみえること・失敗」は，ドキュメント分析にはつきもので，実は新しい発見へのステップになることもある。うまくいかなかった際に，すぐさますべてを捨ててしまうことはない。自分の問題関心を疑ってみる，自身の問題関心が，データに眠っているかもしれない現実に向き合う際に狭く硬直化していたのではないか，それらを自問自答して別の視点を見いだすことができたなら，すでにそれは1つの「発見」である。あるいは，分析枠組みを見直す，たとえば具体的には別のキーワードで分類しなおしてみるなど，試行錯誤してみる。そういったデータと問題関心の複数回の往復，これがドキュメント分析には欠かせない。

　最近はデータベースをキーワード検索することも可能になって，例えば新聞記事を調べるのに古い新聞をすみからすみまで目を通す必要は少なくなった。他方，検索でヒットした情報がどのような意味を持つのかは自身の分析次第であって，いろいろ検索しすぎてかえって情報の洪水のなかで「迷子」になってしまうこともある。集めた資料にはそういった一見余計な情報が多分に含まれているのであって，それが分析の難しくもあり楽しいところでもある。もちろん無駄も多い。しかし，そこから自分の頭のなかにはなかった社会的現実のヒダが見えてくるかもしれない。ドキュメント分析とは資料という「他者」に向き合い，お互いを探り合いながら相互作用することである。

扉の向こうへ：「社会的現実」とは？

　ドキュメントの解釈には，「書かれていること」と「現実」との関係をどうとるのか，というつきない議論がある。「社会」はどこにあるのか？ 表現されたものそれ自体に，それともその「裏」に，あるいは書かれていない，隠されていることに？　われわれはどこまでそれを解釈していいのか？　不幸なことに（いや，幸せなことに）答えは1つではない。ドキュメント分析という扉の向こうには，まさに今，そしてこれからの展開の可能性が開かれている。

（米村）

48 生活史

生活史（life history）とは，個人の人生の詳細な記録のことであり，インタビュー調査によって得られた口述記録（**45**, **46**参照）とともに，自伝，日記，継続的にやりとりされた手紙など**ドキュメントデータ**（**47**参照）として記述したものを含む。アンケート調査の**フェイスシート**（**17**参照）においても地位や居住地の履歴は項目として取り上げられるが，それはあくまでも限定的な仮説の検証に供せられるものである。生活史においては，まずもって人生の全体像を描くことが目指され，それを1つの宇宙として，そこにおける諸要素の連関を明らかにしつつ，記述を厚くしていくことが求められる。個人の研究とはいえ，生活史の集積から共通項を帰納的に浮かび上がらせることで，集団やカテゴリーの集合的特性の検出がなされることもある。あるいは，統計的研究に先立つ発見的な調査としてなされたり，あるいは，技術的理由により**量的調査**が難しい事例などに用いられることも多い。

同じ生活史研究にあっても，客観的事実としての歴史を前提し社会の歴史と個人の歴史との関わりを描き出していく**ライフヒストリー**の立場と，語り手による（あるいは語り手と調査者の相互作用による）構築物として口述史を捉えそこでの内的連関の解析に重きをおく**ライフストーリー**の立場とでは，研究の志向は異なる。ただ，いずれにせよ，生活史を，個人による社会の主観的な経験を示すものとみる点では同一で，それゆえ，個人の生活史とその人を包括する家族や地域，組織，国家，世界の歴史との突合せが必要であることに変わりはない。

生活史研究には，多数派における一般的現象であるか否かに関わらず，個性的な人生の選択や心の動きまで含めて解釈の対象にすることができる強みがある。人生の折々においてなされた個性的な行動を，関係や思惟の履歴と相関させつつ捉えていくのである。そうした強みを生かした，生活史研究に適合すると思われる研究領域を以下に示しておこう。

① 自己イメージの構築あるいはアイデンティティの研究。生活世界が複数化し，また相互に齟齬を抱えている現状において，あるいは社会移動が活発化し移動体験が一般化している現状において，整序された自己イメージを見出しアイデンティティを構築しようとする人々の心の動きもまた一般的なものといえる（もちろん，多元的自己，多元的アイデンティティを保持するような整序もありえよう）。だが，そこでの自己やアイデンティティの内容は実に多様化している。個々の人生をひとつの過程とみて，この多様な自己，アイデンティティの生成過程を捉える方法として生活史研究はまずふさわしい。

② 個人の思想やライフスタイルの研究。個人を内的に方向づけ社会や国家への身の処し方を決めさせていく個人の思想やライフスタイル——鶴見俊輔のいう「生きてゆくことについての納得」としての思想——が結晶する過程あるいは変更される過程の研究も，生活史研究となじみやすいだろう。

また，一見理解が難しい③突発的・衝動的な行動も，個人を密度ある小宇宙として描きその時系列的な変化まで捉えることにより，解釈が可能になるかもしれない。

生活史法は，「書かれたもの」「語られたもの」をデータとして用いるが，それゆえに解釈対象が言葉にされたものに切り詰められてしまう傾向もうかがえる。ひとりの人間の「書き得ないこと」「語り得ないこと」の厚みを，浮かび上がらせるような解釈枠組や補助データを折衷主義的に組み合わせつつ，対象の個性を浮かび上がらせる工夫が必要である。

（西澤）

参考文献

桜井厚『インタビューの社会学』せりか書房，2002

49 エスノグラフィー

エスノグラフィー（民族誌）とは，そもそもは民族学・文化人類学において，「文明」の側に属する調査者が「未開」の側に属するとされた「部族」「民族」について記述した報告書のことをいった。しかしながら，今日では，一般的な理解が充分とはいえない全ての領域を対象として，エスノグラフィーが書かれるようになっている。つまり，エスノグラファーは，現代社会にかつての「文明」と「未開」ほどの距離が埋め込まれているとみなし，その距離を前提として「私」の世界とは異質な世界の内在的理解を目指すのである。多くの場合，エスノグラフィーにおいては，**参与観察（51参照）**の手法が用いられる。

エスノグラフィーは，まずもって集まりであれ集団であれ組織であれ社会的世界であれ他から相対的に自律したまとまりを対象とする。これは，生活史法とは異なり，個人ではなく集合体の特性を問題にするということである。その上で，その集合体の全体像を「まるごと」記述しようとする。この「まるごと」への志向は重要である。内部に否応なく孕まれる矛盾や非一貫性も，拙速に捨象されることなく書き留められなければならない。また，「まるごと」の記述への志向は，データの質の限定を許さない。そうであるから，観察であれインタビューであれアンケート調査であれ紙くずであれ使えるデータはすべて使用しつつそれらを組み合わせ，「方法論的楽観主義」と「恥知らずの折衷主義」（いずれもG.サトルズ）でもって全体の再構成を企てる。

作品化されたエスノグラフィーの形態は多様でありその方法を一般化することはできないが，まずは対象にいくつかの類型を見出し類型内・類型間の関係を描き出すことから始めることを勧めたい。もちろん，あくまでもこれは対象理解の出発点であって，具体的な出来事の解釈の中で図式的理解をこえる対象理解がなされていくべきである。

エスノグラフィーを此岸の社会に本格的に適用したのはシカゴ学派社会学からであったが，彼らは，支配階級と地続きの価値基盤にたつ知識階級の視点で，都市の「暗闇」を照らす方法としてそれを用いた。エスノグラフィーの自社会への適用の始まりは，「文明」「未開」ならぬ「文明」「野蛮」二分法から自由になされたとはいえない。そうしたエスノグラフィーにおける調査者と被調査者の関係性への批判は，文化人類学において，1960年代に始まりポストモダニズムの思潮を受けた1980年代には徹底される（調査をする側とされる側の関係性については，**8 50**参照）。調査者の特権性を再生産するものとして，エスノグラフィーにおいて使用される語彙やスタイルの全てが自動的に参照されていることを暴露した，J.クリフォード，G.マーカス『文化を書く』（紀伊國屋書店，1996）は，非対称な関係のもとでのエスノグラフィーの不可能を宣告したとさえいえる。

さて，おっとり刀で駆けつけて，エスノグラフィーを書こうという私たちは，いかなるものを書くべきか。ひとつの選択としては，「私」の露出ということがある。客観性の独占を回避し，調査の過程での「私」の変容の記録としてまとめてしまう，あるいは「私」と被調査者の間で紡ぎ出されたストーリーとして構成するのである。だが，これは，客観的事実の暴露というエスノグラフィーが担ってきたポリティカルな役割を放棄して，「私」の物語へと逃避することにつながる。もうひとつは，「私」と対象を関係づける歴史的・政治経済的な背景をより重視した政治経済的なエスノグラフィーの記述である。しかし，これは，あらかじめ対象の「全体」を切り詰める事実の選別を伴うものになる。他者を見下す高みがないところで他者を書くことの難しさに，エスノグラフィーは直面している。だが，「異質なもの」を理解可能にしていくその試みは，今もアクチュアルである筈だ。

（西澤）

参考文献
松田素二「フィールド調査の窮状を超えて」（『社会学評論』212，2003）

50 ラポールを作る

『新版社会学小辞典』(有斐閣, 1997) において, **ラポール**は次のように定義されている。「社会調査にあたって, 調査を実施する調査担当者と調査の対象となる被調査者との間に成立する友好的関係。この友好的関係が確立されることによって, 調査の実施そのものが促進されるばかりでなく, 収集される資料は, より迫真的な意味をもつ。」確かに, 調査での相互作用において, 被調査者が話しやすい雰囲気を作るよう気を配るのは当然のことだろう。だが, 少し考えれば分かることであるが,「友好的」であることと有益な情報が得られることは単純には比例しない。対象に同化すればするほど, 認識の客観性を確保することが難しいのである。そこで, 被調査者への過剰な同一化は**オーバーラポール**として否定され, 距離を保ちつつ関わりをもつ緊張が要求されることになる(**8**参照)。個別の調査者と被調査者の関係における「望ましい」距離の取り方について一般化することは難しく, 技術問題としてはそれ以上述べることもできない。だが, ラポール問題は, 技術問題としてではなく倫理問題として議論されてきたところが大きく, 以下そのことに焦点をあてて述べたい。

ラポール問題が倫理問題たらざるを得ないのは, 調査者と被調査者の関係の非対称性が調査から得られた情報の質をぬぐいがたく拘束し, そのことが批判の的となってきたからである。まず, 調査という相互作用も, 調査者と非調査者との間に横たわる社会的な関係——階層間の, あるいはマジョリティ-マイノリティ間の——から自由ではないということがある。調査者も被調査者も, そうした関係の中に位置づけられながら, 調査という相互作用に関与することになる。さらに, 調査者と被調査者の関係は, 知識・情報を搾取する者とされる者の関係になりがちである。時にまっすぐに表明される調査への不信, 疑いを説得して取り除くことが難しいのは当然だろう。プライバシー保護の権利への自覚が高まった今日では,「科学」や「学問」の権威性にもとづく情報搾取への被調査者の疑念がいっそう強まり, 調査が難しくなっていることも指摘されている。

調査者が被調査者と知識と価値を共有して積極的に被調査者との共同・協力関係を築くという, 1つの解がある。住民運動の研究者が住民運動に何らかのかたちで参与し当事者となるなどのケースである。あるいは, 社会問題の研究者がセラピスト的役割を引き受けるなどもそれに含まれるかもしれない。だが, それにより, 調査における非対称な関係が解消されるわけではない。調査者と非調査者の異質性, その間に横たわる距離が隠されたに過ぎないともいえる。同化主義的な取り繕いで, 調査者と被調査者を拘束する関係性は消し去れるものではない。

いずれにせよ, 調査者は, 調査者と被調査者との関係について強く自覚することからはじめるより他ない。その上で, 調査者が, 被調査者との間の関係——もちろん調査における相互作用が含まれる——にどう処していくのかは, 倫理的であるとともに「誰の側に立つのか」を問うポリティカルな問題である。ポリティクスの土俵は調査現場という局域だけではなく, 書くことまでを含めた調査の全過程にあるだろう。搾取でいいと割り切るのか, 間接的な寄与の回路を見出しそこにコミットするのか, やはり対象への直接的な介入を行うのか。ラポールをめぐる議論が照らし出すのは, イノセントな調査などないということである。

(西澤)

参考文献

桜井厚「社会調査の困難」, 松田素二「フィールド調査の窮状を超えて」(『社会学評論』212, 2003)

51 参与観察

参与観察とは，調査者が調査対象である集団や社会の一員として持続的に参与し，その中で観察を行う手法のことをいう。「自らやってみる」ことの効用はやはり大きく，当事者の視点から日常的な事象の意味を解読し，当事者にとっての自明な世界を把握する上で有益な手法である。

しかし，参与と観察は矛盾する。観察者としてそこにいるということは，すでにそこでの日常から遊離した非参与者なのではないのか。あるいは，参与するということでその世界の人々の視点に立つというのであれば，どうやって客観的な観察者の視点を保てるのか。技術的にいえば，**オーバーラポール**（8 50参照）の状態に身をおくことで，客観的な視点を失ってしまうことになりはしないか。やはり，「明らかにする」ことに価値をおく者であるならば，観察者としての視点を捨て去ることなどできない。「ゴーイング・ネイティブ」（U.フリック：2002）に陥ることを避け，客観性を保つ緊張が要求されるということなのだろう。そうなると，人々にとっての平凡な出来事を凝視しフィールド・ノートを日々書きつける人が「当事者の視点」で調査しているというのは，やはり言いすぎと言わねばならない。

しかし，それでも，参与観察は，やらないよりはやった方がはるかにいい手法である。最大の効用は，調査者が複数の異質な日常世界を行き来することによって，自身の視点を複数化することにある。参与観察にはカルチャー・ショックを伴うとしばしばいわれることは，参与観察が調査者にとって異なる視点の獲得の機会であることを物語っている（支配的文化に表面上同化した調査者が，かつて自明のものとしていた周縁的な文化の中に戻って行う調査も多いので，カルチャー・ショックというよりも，カルチャー・ギャップの発見とでもいった方が汎用性があるかもしれない）。対象の全体像を明らかにしようとするならば，いかなる調査においても，視点の複数化は必要である。当事者が当事者の生きる現実をよく知るわけではないし，距離をおいた観察者が全てを見通せる筈もないからである。

調査対象の質も調査者の社会的位置もあまりに多様すぎるために，参与観察のマニュアルというものは作れそうにない。U.フリックが「参与観察をめぐる方法論的議論は近年停滞気味」と述べるのも，もっともなことである。「カルチャー・ショックを体験するためのマニュアル」など用意すべきでもないだろう。シカゴ学派のR.E.パークが学生たちに述べていたように，「街に出ろ，ズボンの尻を汚せ」ということに尽きている。

だが，1つ論じ残されていることがあるように思う。実は，日常生活の中にも，観察するまなざしはある。ただ，日常生活にほとんどの場合欠けており調査者の営みにおいて存在するのは，観察することの前提となる「書く」という特殊な行為である。もちろん，日常の中に書くことを組み込んでいる人々は多いが，書くための観察を行う人はそういないのだ。参与観察をめぐる議論においては，「参与する観察者」にばかり焦点が当てられてきたが，参与者が観察者になる（「観察する参与者」）こともあるのだし，観察者を経由して書き手になるということもあるのだ。社会調査は，専門家の独占物としてではなく，人々が自らの日常を相対化・客観化する技術としても想像されるべきであるし，社会学という学問は「観察する参与者」の誕生を促すものであるべきだとの意見を述べておきたい。

（西澤）

参考文献

U.フリック，小田博志他訳『質的研究入門』春秋社，2002

52 内容分析

内容分析とは，テクスト分析の一種として考えることができる。テクストとは，一般的には「書かれたもの」と定義できるが，それは同時に「読む」という行動を前提としており，その行動は，さらにさまざまな社会制度や社会関係を背景としている。この「書かれたもの」を典型として，言葉や文字あるいは映像などによって，一定の秩序と形式をもって織り成されたもの（日記，書籍，新聞記事，放送映像）などを対象に，それを一定の形式で「読み解く」作業を，テクスト分析という。

特に社会学においては，テクストの背景にある社会関係を「読み解く」ことがその大きな目的となる。これは例えば，ニュース記事を検索する場面などにおいても，実はしばしば行なわれていることでもある。2002年に，KとTという日本人2名がノーベル賞を同時に受賞するということが大きく話題になったことがある。その記事を検索した際，Kという受賞者とTという受賞者のそれぞれの名前と「ノーベル賞」という文字を掛け合わせて見たところ，いわゆるヒット数（検索結果として出てきた記事数）は，検索対象とした2つの新聞両方において，それぞれ後者（Tの記事）が前者（Kの記事）を2倍ほど上回るという結果が出た。このことから，その背後にある社会関係として，「TはKよりも世間一般の人々により注目されている」ということが「推測」されたのである（同じようなことによる「推測」は，タレントの名前でも商品ブランド名でも可能だろう）。

内容分析の特徴

ここで特に内容分析といった場合，次のような特徴が挙げられる。1つは，明示的であるということで，テクスト内部に明確に示される要素（構成要素）がなければならない。その意味で，テクストに対する個人の評価や反応などの明示し得ないものは，とりあえず分析の対象から除外される。2つめは再現可能性があるということで，方法や判定基準が明確で，他人と共有され得るものでなければならない。3つ目は体系的であるということで，これは分析がどのような単位（記事数や番組数など）で行なわれているかが明確で，また分析対象となる単位からすべての構成要素を取り出しており，さらに選択した分析対象が研究目的に対して有効性（テクストの**代表性**）をもっていなければならない。最後に，定量的であるということで，構成要素が，記事面積・記事数，単語数，あるいは放送時間などで量的に表現され，変化や他の変数との関係が数量的に分析される。

内容分析の種類

分析の1つには，テクスト自体の状態を把握することを目的とするものがある。具体例を追ってみていこう。

たとえば，近年の日本国内で放送されているニュースを，1970年代などのそれと比べてみたとき，非常に内容が「娯楽的になっている」という印象を得たとする。この時点では，「娯楽的」というのは明示されていないので，このことはあくまで，調査する前の仮定（仮説）として考えられる。ここから，テクストとしての「ニュースの娯楽化」ということをテーマにして，内容分析を行なう場合，3つのやり方が考えられる。1つは，テクスト内容の変化を見ることで，これは，例えば，ニュースの題材として扱っているジャンルのうち，「国内（身近なもの）」あるいは「国外（身近でないもの）」のどちらの占める割合が多いか（または増加したか）を分析するものとしてみることができる。もう1つは，テクストの内部に存在する構成要素のパターンを見ることで，これは，ニュースに背景の音楽（BGM）を使っているか，その場合はどのような形態のニュースであるか，といった関係を分析することになる。3つ目は，そうしたパターンにそってテクスト間の違いをみることで，これはBGMを利用しているのが国営放送と民間放送でどちらが多いか，週末と平日では

BGMを使っているニュースの数に変化があるか，などという例で見ることができる。

　以上から，例えば，1990年と1997年を比較したとき，同時期において国内で放送されたニュースのうち，「身近な」ニュースの占める割合が増加し，1997年のニュースにおいてBGMを利用したニュースが一般ニュースよりも特集ニュースで多くなり，さらに国営放送よりも民放で，そして平日のニュースよりも週末のニュースで，BGMの使用が多いということが明らかになることで，はじめて「ニュースの娯楽化」ということをある1つの形で明示化できることになる。

```
表52-1　分析の種類
① テクスト自体の分析（例：「ニュースの娯楽化」）
　(1) テクスト内容の変化
　　　ニュースのジャンル
　(2) 構成要素のパターン
　　　BGMの使用／効果音の使用
　(3) テクスト間の違い
　　　国営放送×民放／週末×平日
② テクストによる社会背景の分析
　（例「ニュース産業の変化」）
　(1) 送り手の価値観（戦略）
　(2) 送り手の組織的特徴
　(3) 受け手の価値観
```
萩原滋編『変容するメディアとニュース報道』丸善，2001より作成

　ここでポイントとなるのは，ニュースを項目数といった分析単位に分けた上で，それをBGM（他には効果音など）の使用／不使用という明確な構成要素による判定基準をもって分類し，その出現数をさらにニュースの種類や放送局の違いとの関係において表していることである。つまり，ただ漠然と「娯楽化」というものをとらえて判断しているのではなく，それを明確な構成要素として取り出し，他の要素との関係で出現のパターンを示しているのであって，逆に，比較対象もなく，ニュース全般でただBGMを使っているかどうかだけを調べても，何について「娯楽化」ということを示しているのかが，明確ではなくなってしまう。

　以上のような分析を経ることで，さらにもう1つの分析を行なうことができる。それは，テクストを社会背景の分析手段とするということで，結果から送り手の価値観の変化（この場合は，ニュースを視聴率獲得の手段としてみていることなど）や組織的特徴（国営放送と民放による違いなど），さらに受け手の価値観の変化などを合わせて検証することも，しばしば行なわれる。1990年代の10年間で，視聴者がテレビについて関心を持つ内容は「ドラマからニュースへ」中心が変化したと言われるが，このような背景と合わせて，「ニュースの娯楽化」という**内容分析**の意味を判断することができるのである。

内容分析の手順

　具体的な分析手順は，以上の例でもすでに明らかであるが，順を追ってまとめてみる。

(1) テーマの決定および仮説の構成

　分析をする前に，何を最終的に明らかにしたいのかという分析テーマが明確でなければ，後の手順を定めることができない。また，そのテーマは分析の結果からきちんと検証できる**仮説**の形式をもっていなければならない。その場合，「民放でBGMを使うケースが増加していることによって，ニュースが娯楽化していると考えられる」など，多くは「××によって，○○であると考えられる」という原因と結果を持った形式になる。

(2) 対象の選択

　テーマを検証するための分析対象を選択する。この場合，何を母集団として，そこからどういうデータを抽出するかを明確にする。新聞記事の場合は，過去何年間かの期間をとり，そのうちの特定の時期のものだけを抽出することがある。

(3) 分析単位とカテゴリー

　どのような構成要素（記事等）をどのように整理・要約（項目内容等）するかについて，単位と分類のカテゴリーを決める。この場合，**離散変数**と同様に，分類については，「その他」になるこ

とがなるべくないように網羅的にし，同一の単位が複数のカテゴリーにわたって重複しないようにする（カテゴリーの相互排他性）。

(4) データ記録

(3)にしたがって，分析対象を単位ごとに収集し，カテゴリーに分類するためのデータ・シートを作成する。カテゴリーに分類するコーダー（記録者）はなるべく複数おき，コーダー間により判定が一致する割合（一致率）を測定しておく。

(5) 分析結果の整理

得られたデータを，**仮説**が検証できる形式にまとめる。「増加した」ということを示すのであれば，それがはっきりと分かるようなグラフの形式にするなど，目的にそって結果を整理する。

―――― その他のテクスト分析 ――――

その他のテクスト分析としては，記号論を使ったものがすでに有名であるが，ここではさらに新たな方向性として，テクストを社会的行為（実践）として見るやり方について紹介したい。このやり方は，**会話分析**の項で見たような，会話における「聞き手の参与」と同じ考え方を背景としている。つまり，会話の話し手が，聞き手がどのように会話に参与するかについて，さまざまな身体活動を用いながら会話をデザインしているように，テクストの送り手は，受け手が一定の形式でテクストを読むことに参与（この場合は解釈を行なうこと）ができるように，テクストの内容をデザインしているのである。行為としてのテクスト分析は，このデザインがどのようにして成立しているかを明らかにすることを目的としている。

最も分かりやすい例は，新聞の見出しであろう。たとえば，「母親，子供を死亡させた罪に問われる」という見出しがあったとするとき，行為としてのテクスト分析はここで「母親」や「子供」といったカテゴリーが用いられていることに注目する。このとき，受け手はここで示されている母親がその「子供」に対して一定の義務を持つ「母親」であることを自然に理解するが，それは逆に，送り手がこうしたカテゴリーを選択的に用いることで，この記事に関して描かれた人々がそのような関係にあることを，受け手が理解するようにデザインしていることを示している。実際のメディア・テクストでは，このような言語的な手段のほかに，画像や映像がさらに加わることで，デザインをさらに複雑なものにしている。これらを社会的な行為として1つ1つ読み解いていくことは，**内容分析**をより精緻なものにする意味でも重要であるだろう。

（是永）

参考文献

上谷香陽 「社会的実践としてのテレビ番組視聴：ある「事件報道」の視聴活動を事例として」（『マス・コミュニケーション研究』49号，1996）

53 会話分析

調査と「理論」が不可分である

会話分析は，実際におこっているさまざまな場面を録音・録画したデータをもちいたボトムアップのアプローチをとっている。会話分析がこれまでに明らかにしてきたもの，すなわち相互行為をなりたたせている装置とその使用法が言葉や語りについてのものであるため，社会学者からは言語に偏重した研究であると見られがちである。だが，その名称とは違って会話分析は日常の会話だけでなく，教室，医療面接，法廷といった具体的な場面でのさまざまな活動を研究対象にしてきた。録音や録画を積極的に採用するという点だけでなく，そこでおこっている活動についての詳細な記述と，それを記述していくための装置である「理論」の精緻化とを分離せずに発展させてきた点で，会話分析という営みは通常のフィールドワークと異なっている。

社会生活自体が言語と絡まりあって存在しているということを考えに入れるならば，その基礎となる「聞く」「理解する」「同意する／反対する」といった活動が実際の場面でどのように組織されているのかを解明していく必要があるだろう。こうした活動は，まずもって，社会調査の対象となる人びとの活動である。さらに，社会学という営みは，その調査対象を語りや言葉をもちいて記述して初めて成立する。このことを考えると，話す，語る，あるいは記述するという行為が社会学者にとって二重の意味で重要な研究課題であることが分かるだろう。言語と社会，そして言語と社会学との切り離しがたく深いつながりについて考えるとき，一見すると言語に偏重しているように見える会話分析の研究群が，社会学にとって避けがたく基礎的な問題を扱っているという点がよく見えてくるだろう。

観察科学としての会話分析

会話は，人間のコミュニケーションのプロトタイプとなるものである。これは，会話を組織する仕方が日常会話以外の学校，病院，会社といった制度化された場での諸活動を可能にする「基礎」となっているということである。会話の組織化についての研究群は，まずハーヴィーサックスとその同僚たちによって生み出された。サックスたちは，他の多くのコミュニケーション研究とは異なり，データをコード化するカテゴリーのシステムや実験といった手段を用いなかった。「自然に生起している社会的な諸活動」を記述し解析する「自然な観察に基づく科学」をつくりだすことを目指したのである。サックスは，誰でもが具体的なデータを直接に確かめられるということを出発点としないのなら，社会学は科学になりえないとした。そしてテープ録音された会話から研究を始めたのである。すなわち，繰り返し検討でき，もし反論したいならそれをその人たちも精査でき，それにもとづいて具体的な議論が可能であるという理由で録音された会話からその研究を始めたのである。

ターンをめぐるやり取り

会話分析は，会話の順番とも訳される「ターン」と「ターンを構成する単位」を特定したことによって，社会的な行為を成り立たせる多様な実践とそのメカニズムを解明し明確化できるようになった。これによって，会話を含むさまざまな活動について，そこでもちいられている装置とその使用法とをテクニカルに記述していくことが可能になったのである。会話分析による調査研究のおもな注目点は，実際の時間経過において会話が組織化されていくメカニズムである。実際の具体的な場面では，個々の発話は，それ以前のどの発話に接続するのか，そしてそれがどのように引き取られていくのかといった，行為が進行していくまさにその内側での位置どりから理解されているのである。

会話を組織化しているメカニズムの中核に，

「ターンをめぐるやり取りのシステム」と呼ばれるものがある。これは、会話をしている人たちが、その話しや語りにおいてターンを交代するさいにもちいている装置とその使用法とを記述したものである。先に述べたように、社会調査もその営み自体が社会に埋め込まれており、言語と深く絡まりあっている。これを科学として行なうためには、そのなかに話しや語りが組織化されているメカニズムについての知見を組み入れなければならないだろう。こうした認識にとって重要なのは、話しや語りでのターンは、ひとりの個人の孤立した行為の産出物ではなく、（話し手と聞き手という）そこにいる複数の人たちによって、相互理解の達成と促進というまさに社会的な作業を通じて、構築されているという事実である。言語と絡まりあった活動は、性質上、その細部にいたるまで根源的に社会的なのである。以下では、少し詳しく、その姿を見ていこう。

聞き手であることの「文法」：視線や言い澱み

話すという話し手の参与は一目で分かる。だが、聞き手がそこに能動的に関わっているということは見えにくく、これまで十分な関心が向けられてこなかった。具体的に話しをしている場面を思い起こして欲しい。他の人たちが聞き手として振る舞っているときに「発言権をもつ」のと、周りは好き勝手にやっているところで、ただ言葉を発して「発言権をもつ」ことには大きな違いがあるということに気づくだろう。聞き手には、「適切に」聞き手として振る舞うためのある種の責務がある。それを参照することによって、話し手は、共在している人が、実際、聞き手になっているのかどうかを評価することができる。聞き手の視線、身体の向き、あるいは聞き手がそのときに関与している活動によっては、話し手が話しかけずらい場合がある。聞き手としての「備え」がないところで、話しかけるということには困難が伴うということである。また話を始めたとしても、それを続けるためには同様の困難がある。

発話の始めの部分で言い澱みがあった場合、話し手が受け手の視線を確認し、それを獲得した時に、再び同じ発話を開始するといったことが圧倒的な頻度で生じる。これを視線がターンをめぐるやり取りに埋め込まれている例としてみることができるだろう。この例のように、受け手の視線が有る／無いという区別は、そこにいる人が話に関心を向け、認識しているかどうかという個々人の認知的な行為というだけでなく、話し聞くといった、その人たちが関わりをもつ社会的な諸活動を構成するような仕方で作動している。また、言い澱みのすぐ後では、受け手が言い澱んだ話し手を注目し始めるということがよく起きる。この場合、受け手は、話し手の言い澱みをその人が視線を求めていることの表示として扱っている。受け手による視線の動きがそれへの応えであるとき、言い澱みは、そこで呼び掛けとして働いているといえるだろう。呼び掛け－応えというシークエンスは、そこにいる人たちを会話に参入させるだけでなく、ターンが進行する内側でその人たちがお互いに関係をさらに維持していく「前触れ」としても働く。

明示的な呼び掛けをすることと休止や言い澱みをもちいることは何が同じで何が違うのだろうか。具体例で考えてみよう。もし教師が「はい、こちらを見て」といった明示的な呼び掛けで、生徒の視線を求めたなら、どういったことが起こるか考えてみて欲しい。この発話の後、生徒の注目が獲得されるまで、もともと聞いて欲しかった話しや語りが放っておかれることになるだろう。それ以上に、そうした呼び掛けを「注意された」と聞くと、生徒は防衛的になったり反発したりするかもしれない。それによって、もともとの話しや語りから拡張・拡散した「注意」や「お説教」のシークエンスが生み出されることもありえるだろう。これに引き換え、言い澱みではその場に受け手の視線が欠けていることが明示的には扱われていない。この点で、そこにいる人たちの関心は、話し手の話しや語りに向けられたままである。言い澱みは、すべての発話において使うことができ、聞き手は、それが生起したことを、それが生起したその特定の発話内容と切り離して認識することができるのである。このように考えると、表面的には無秩序にみえる言い澱みは、受け手の注意を引き付けるとても効率の良い手段になるということ

が言えそうである。

医療面接の場での視線

「聞く」「理解する」といった活動が決定的な帰結を持つ場面に医療面接がある。そこでの振る舞いは、さまざまなやり方でお互いが相手の「備え」や「受け手性」を、その都度モニターしあいながら進行していく活動の好例となるだろう。この場合も視線は、その場にいる人の関心がどこに向けられているのかを他者に示す、もっとも強力で広がりのある方法のひとつとなる。具体例をいくつか挙げよう。多くの場合、聞き手である患者は、診察室に呼ばれて着席するとすぐ、話し手となるであろう医師に視線を向け、「受け手性」を示す。また、たとえば、医師がカルテを書いているあいだ、患者は中空に視線を向けて、語り掛けられれば受け入れるといった、ある種の「備え」の存在をそこに表示する。入室後、中空に視線を向けていたり、カルテを書いている医師を注視したりすることは、何らかの規則を破っているわけでない。だが直前に述べたやり方とは違って、それが診断を受けることとは別の関心の存在を示していると受け取られることもあるだろう

医療の場は、患者が裸に近い格好をしていたり、医師が患者の身体に触れたりといったことが当惑を生み出す可能性のある場である。それゆえ直接に視線を向ける、視線を外して中空を見やるといった細やかな視線の管理は、医師にとっても患者にとってもその場を居心地の悪いものにしないための重要なやり方になっているといえるだろう。

社会制度の「文法」の経験的な解明

視線や言い淀みといったほんの些細にみえる現象がそうであるように、有るべきものが無い、無くともよいものがあることが、社会制度の場で果たす役割はとても大きい。たとえば、医療面接の場面で医師が患者の質問に答えない、あるいは、触診中の医師が表情を変えたり何かの異常に反応していると聞こえる言葉を発したりということの帰結を考えてみていただきたい。

このように、社会的な活動にはその基礎に「文法」と呼んでもよいような、装置とその使用法が埋め込まれている。実際の場で具体的に「聞く」「理解する」ことなどが、それによって達成され促進されているのである。**会話分析**では、フィールドにビデオや録音機をもちこんで実際の場でおこった具体的なデータを収集し、これまで社会学が扱ってきたさまざまな対象に対してもその具体的な組織（化）のあり方を明確化するという方向で研究を押しすすめる。すなわち、その場面での活動の「文法」を、ターンをめぐるやり取りという観点から、その詳細にもとづいて根底的に解明していくのである。

（岡田）

参考文献

①山崎敬一『実践エスノメソドロジー入門』有斐閣, 2004
②山崎敬一・西阪仰編『語る身体・見る身体』ハーベスト社, 1997
③好井裕明・山田富秋・西阪仰編『会話分析への招待』世界思想社, 1999
④ダグラス・メイナード，樫田美雄・岡田光弘訳『医療現場の会話分析』勁草書房, 2004
⑤ジョージ・サーサス他，北澤裕・西坂仰訳『日常性の解剖学』マルジュ社, 1987
⑥ジョージ・サーサス，北澤裕・小松栄一訳『会話分析の手法』マルジュ社, 2001

①は、会話分析とエスノメソドロジー研究の入門書であり、必読の書である。②③は、論文集であり、②には、ビデオ録画をもちいた分析が数多く載せられている。③には社会構築主義による言説研究を含めた会話分析に関わるさまざまな指向の論文が掲載されている。④は、医療の場をフィールドにした会話分析の具体例である。⑤には、会話分析の基本文献のいくつかが掲載されている。⑥は会話分析の概論的な入門書の邦訳である。

54 調査倫理という難問

かつては，**調査倫理**といえば，**調査公害**の問題と絡められ語られることが多かったように思う。権威主義的な姿勢，マナーの欠如がもたらす調査への不信感が，以後の調査をやりにくくする…。そうした意見は，結局のところ，研究者コミュニティの利害に関わって問題化されていたといえるかもしれない。もちろん，1970年代以降の**ラポール**（50参照）をめぐる論争は，調査者と被調査者との関係のありようへの批判的洞察を含むものではあったのだが。

だが，今日における調査倫理は，人権意識やプライバシーの権利（自己情報コントロール権）が正当にも自覚されるようになり調査に物言うようになった被調査者の変化に応えて，その内容が模索されつつあるものである。

具体的なモデルとして参照されることが多くなるのは，医学研究あるいは医療の現場におけるインフォームド・コンセントの原則である。インフォームド・コンセントは，医学研究者・医師は，研究や治療についての情報を事前に充分に説明し，それをもとに被験者・患者は研究や治療への参加・同意を決定することができるとするものである。社会調査においては，医師の位置に調査者が，患者の位置に被調査者が置かれ，社会調査におけるインフォームド・コンセントのありようも決められていくことになる。インフォームド・コンセントを前提として，曖昧であった調査倫理も明確化されなければならない，そして，調査においては，調査の目的やリスクの説明，拒絶の自由，秘密の遵守，安全の保持，情報の保有や利用の方法，提供・開示の手段などが説明されなければならない，そういうことになるのだろう。

やりっぱなしの調査が重ねられていく中で，こうした調査倫理が努力目標として検討されたりあるいは実際の調査マナーのかたちで定着していくことは，望ましいことではある。だが，それが，研究者コミュニティにおいて制度化され，それに適わないものを排除するようになれば，コミュニティは窒息するだろう。

倫理の制度化は，認識の届かない「外部」を作り出す。言葉にセンシティブな有力者は，自らに不利な情報が表に出ることを許さない。あるいは，暴力の被害者もまた，暴力や収奪の表面化を拒否するかもしれない。もっとも弱い人々にとって，眼前の強者は絶対的であるからだ。マニュアルから逸れるものを排除するならば，そうした領域が言葉にされる機会は減るだろう。倫理なるものが，ある種のものをタブー化して温存させるイデオロギーとなるのである。かつて，T.ヴェブレン——P.バーガーは彼のことを人妻誘惑の常習者と呼んだ——が社交界に出入りし憎悪を込めて書いた『有閑階級の理論』や，攻撃的で暴露的なC・W.ミルズの『パワーエリート』のようなタイプの古典的著作は，調査倫理に厳しいアメリカ社会学会の会員からもう出ないのかもしれない。

あるいは，**質的調査**における視覚的な情報の取り扱いの問題もある。おそらく，観察は，あらかじめ了解をとった実験室的なものを除いて，すべて上に述べた倫理に背くものだ（観察の結果が公表されなかったとしても，個人情報は調査者の手の内に残る）。だが，観察の禁止は，言語化されない領域の拡がりを，あくまでも言語を介して捉えられる回路にのみ限ってしまう可能性がある。これもまた，認識の対象を不当に狭めるものと言えないか。

倫理の問題とみえることが実は調査者の立場を問うポリティクスの問題としてあることは，社会調査における倫理問題の容易ならざるところである。調査と関わる日本の諸学会は，医療モデルに沿った調査倫理の制度化を推し進めるつもりなのだろうか。

（西澤）

参考文献
桜井厚「社会調査の困難」（『社会学評論』212，2003）

55 「社会調査士資格」と社会的要請

社会調査士資格制度の必要性

　社会調査はある社会的領域に生じた問題に対して，その解決に向けた対策を講じるために，問題の実情や問題に対する人々の意識を把握する１つの手段である。現代の情報化社会の進展は社会的諸領域の相互の浸透と変動の加速化，流動化を推し進め，こうした社会調査への必要性を増大させている。ちなみに，職場における商品開発や顧客満足度調査，役所における地域住民の政策ニーズ調査や地域福祉実態調査，地域産業実態調査，労働組合における組合員の職務実態やニーズ調査，各種団体（地域，消費者，婦人など）や経営，教育，医療，福祉，地域などの社会的諸領域における多様な諸問題に対する対策をまとめる上で，こうしたさまざまな調査への必要性は拡大し続けている。従来は専門機関（シンクタンクなど）に依存していた調査のデータ処理や解析が，パソコンと良質のソフトウェアの開発によって手軽に行えるようになったことも社会調査へのニーズを押し上げる要因となっている。

　さらに，こうした社会調査へのニーズの拡大は，反面で，そうした調査結果を含む多量の統計的データなど，大量かつ高速に伝達される情報に対する的確な取捨選択から正確な解読の能力（＝**情報リテラシー**）を要請するものでもある。偽情報やプライバシー，著作権問題に対する対処能力も不可欠となっている。そして，調査が手軽に実施できることから，方法論上，倫理上の問題が増加し，社会調査の質的改善への要請も拡大している。そうしたことが，社会調査の担い手の専門的人材育成に対する社会的要請を生み出してきている。

社会調査士資格認定機構

　以上のような社会的要請に応えるべく，2003年に日本社会学会，日本行動計量学会，日本教育社会学会によって「社会調査士資格認定機構」が設立された。

　その第一の業務である資格認定については，大学学部生を対象とした，社会調査に関する基礎的な知識，技能，倫理観を身につけた人材に対する「社会調査士資格」と，大学院修士課程生を対象とした，より高度な専門知識，技能，倫理観を身につけ，調査の企画設計から報告書作成に至る能力をもつ人材に対する「専門社会調査士資格」の二種類がある。

　なお，2008年をめどに機構の法人化をめざし，法人発足後は個人の資格認定を実施する予定となっている。その間は資格制度に参加する大学ごとに，大学が準備した標準カリキュラムの設置（科目認定）を通して，資格認定を行う体制となっている。

資格取得のための標準カリキュラム

　社会調査士資格取得のためには，各機関（大学，大学院）に設置されている授業科目単位を取得する必要がある。

(1) 社会調査士資格のためのカリキュラム

① 社会調査の基本的事項に関する科目
② 調査設計と実施方法に関する科目
③ 基本的な資料とデータの分析に関する科目
④ 社会調査に必要な統計学に関する科目
⑤ 量的データ解析の方法に関する科目
⑥ 質的な分析の方法に関する科目
⑦ 社会調査の実習を中心とする科目

(2) 専門社会調査士資格のためのカリキュラム

　以上の社会調査士資格取得の上で，なお次の授業科目単位を取得する必要がある。

⑧ 調査企画，設計に関する演習（実習）科目
⑨ 多変量解析に関する科目
⑩ 質的調査法に関する科目　　　　（小林）

あとがき

　2003年度より、日本社会学会など3学界を軸とした「社会調査士」資格の認定事業がスタートした。この資格を廻っては10年以上前から慎重な議論や準備が積み重ねられてきただけに、ようやく日の目を見ることになり、直接の関係者を含む学会員、研究、教育関係者はひとまず安堵の気持ちを抱いていると思う。だが、この（とりわけ社会学専攻者にとっては数少ない）資格の芽がいずれ豊かな果実をもたらすことになるかどうかは、今後の教育実践と社会の側の需要にかかっている。

　ここ数年のうちに社会調査関係の類書の刊行が増えてきているのも、この流れをうけたものであろう。それぞれ個性的なこだわりをもって制作されたものが多い。われわれ共著者もまた何らかの形で社会調査関連の研究、教育に携わってきている。たまたま梓出版社から社会調査関係のテキスト刊行の相談を受けて、共著者4名で打ち合わせを始めたのが本書刊行の端緒であり、社会調査論や実習の現場において直接使用することを念頭においたテキスト、ということが制作上のポイントとなった。B5版、横組み2段といった類書にない体裁もこの方針から生まれた。4名の共著者はそれぞれ得意とする分野でⅠ－Ⅳ部の（科目別の）構成を採ることができ、内容的にも一定の水準を保つものができたと思う。むろん、4名では手におえない領域に関してはそれを専門とする幾人かの方の手を借りることが出来た。突然の執筆依頼にも関わらず、即座に引き受けてくださった方々には改めて御礼を申し上げたい。なお、梓出版社の本谷高哲氏ならびに貴志氏にはこの間こまごました編集作業や共著者間の連絡役も含め、多大な支援を頂いた。この場を借りてお礼を申し上げたい。

　2005.3

共著者一同

索　引

ア行

アナウンスメント効果　21
アフターコード　60
イータ2乗　82
1次分析　9
意味解釈法　14
因子分析　91
インターネット　43
インタビュー　44, 52, 55, 95, 98
インタビュー調査　41, 94, 97
エスノグラフィー　15, 16, 94, 95, 102
エディティング　57, 59
F検定（分散分析）　81
エラボレーション　77
オーバーラポール　103, 104

カ行

回収率　41, 62
カイ2乗検定　73
概念　7, 32, 33
概念の操作化　33
会話分析　16, 94, 107, 108, 110
確率標本抽出　40
確率比例抽出法　40
仮説　31, 105, 107
仮説演繹法　14
仮説検証　31
観察　94, 95, 96
観察帰納法　14
疑似関係　77
記述統計　68
キャリーオーバー効果　47
クリーニング　59
グループ・インタビュー　13
クロス集計　71

系統抽出法　40
決定係数　84
公開データ　9
考現学　96
構造化された調査票　44
構造化されていない　44
コーディング　60
国勢調査　15, 16, 17, 21, 32, 35, 60

サ行

サーベイ（社会踏査）　15
再分析　9
作業仮説　31
サンプリング（標本抽出）　14, 39, 52, 54
サンプル番号　44, 58
参与観察　102, 104
自記式　41, 44
悉皆（全数）調査　10, 15, 17, 36
実査　52
質的調査　15, 16, 94, 95, 111
質的データ　8
指標　33
尺度　50, 65, 99
重回帰分析　85
自由回答（式）　48, 58, 60
集合調査　42
従属変数（被説明変数）　31, 71
情報リテラシー　112
事例調査　95
人口調査（人口センサス）　15
深層面接法（デプス・インタビュー）　13
信頼性　8, 62, 95
生活史（ライフヒストリー）　16, 94, 95, 101
生活史法（ライフヒストリー法）　13, 15
全数（悉皆）調査　10, 15, 17, 36
選択肢式　48

タ行

代表性　36, 62, 95, 99, 105
他記式　41, 44
託送調査　43
多肢選択法　48
多段抽出法（副次抽出法）　40
妥当性　8, 95, 99
ダブル・バーレル　46
多変量解析　16
単純無作為抽出法　40
抽出台帳　39
調査　42, 43
調査公害　111
調査票　44, 52
調査リテラシー　7
調査倫理　111
追跡調査　18
t検定　79
定性的手法　10, 95
定量的手法　10, 95
データアーカイブ　9
電話調査　42
統計調査　95
統計的検定　75
統制（コントロール）　34
ドキュメントデータ　101
ドキュメント分析　94, 99, 100
独立変数（説明変数）　31, 71
度数分布表　67
留置調査　41

ナ行

内容分析　94, 105, 106, 107
2次分析　9
二者択一法　48

ハ行

パーソナル・ドキュメント　95

バイアス（偏差）　21
媒介変数　77
パス解析　88
半構造化された　44
非確率標本抽出　40
標本（サンプル）　10, 36, 39, 75
標本抽出台帳　52
標本抽出（サンプリング）　14, 39, 52, 54, 94
標本調査　17, 36, 39, 62
ファックス　43
フェイスシート　44, 97, 101
プリテスト　52
報告書　92
母集団　14, 34, 36, 75

マ行

マーケティング調査　16
無作為抽出（ランダム・サンプリング）　16, 40, 75
面接調査　41, 54

ヤ行

有意抽出　40
有効回収率　62
郵送　42
郵送調査　56
誘導質問　47
予言の自己成就　21
予備調査（パイロット調査）　52

ラ行

ライフストーリー　98, 101
ライフヒストリー（生活史）　16, 94, 95, 101
ラポール　20, 41, 103, 111
離散変数　65, 106
量的調査　14, 15, 16, 94, 95, 101
量的データ　8
理論　7
連続変数　65

執筆者紹介

小林修一（こばやし　しゅういち）
東洋大学社会学部教授
主要業績
- 『現代社会像の転成――マンハイムと中心性の解体――』（法政大学出版局，1988）
- 『メディア人間のトポロジー』（北樹出版，1997）
- 『社会学』（編著　建帛社，2003）

久保田 滋（くぼた　しげる）
大妻女子大学人間関係学部准教授
主要業績
- 「政党支持・投票行動とパーソナルネットワーク」（森岡清志編『都市社会のパーソナルネットワーク』，東京大学出版会，2001）
- 「投票行動の空間分布」（倉沢進・浅川達人編『新編 東京圏の社会地図 1975-90』，東京大学出版会，2004）
- 「徳島知事選挙における投票行動と争点及び社会的ネットワーク」（『大妻女子大学人間関係学研究 6』2005）

西野理子（にしの　みちこ）
東洋大学社会学部教授
主要業績
- 「家族認知の条件：最年長のきょうだいへの認知の分析」（『家族社会学研究』vol.13　No.1，2001.8）
- 「職場への適応：パネルデータによる縦断分析の試み」（『ヒューマンサイエンス』Vo.15・No.2，2003.3）
- 「親族と家族認知」（渡辺秀樹・稲葉昭英・嶋崎尚子編『現代家族の構造と変容』東京大学出版会，2004）

西澤晃彦（にしざわ　あきひこ）
東洋大学社会学部教授
主要業績
- 『隠蔽された外部』（彩流社，1995）
- 『都市の社会学』（共著　有斐閣，2000）
- 『貧困と社会的排除』（共編著　ミネルヴァ書房，2005）

是永 論（これなが　ろん）
立教大学社会学部教授
主要業績
- 『わかってもらう説得の技術』（中経出版，2004）
- 「映像広告に関する理解の実践過程――「象徴」をめぐる相互行為的な実践」（『マス・コミュニケーション研究』64，2004）
- 「マスコミュニケーション研究とデータ管理――認知的道具としての調査票の意味」（『社会情報』12（1），2003）

岡田光弘（おかだ　みつひろ）
国際基督教大学・教育研究所・準研究員
主要業績
- 「119番通報の会話分析」（好井裕明他編『会話分析への招待』世界思想社，1999）
- 「構築主義とエスノメソドロジー研究のロジック」（中河伸俊他編『社会構築主義のスペクトラム』ナカニシヤ出版，2001）
- 「制度と会話――エスノメソドロジー研究による会話分析――」（山崎敬一編『実践エスノメソドロジー入門』有斐閣，2004）

米村千代（よねむら　ちよ）
千葉大学文学部教授
主要業績
- 『「家」の存続戦略』（勁草書房，1999）
- 「『家』と家憲――明治期における家規範と国家規範」（片倉比佐子編『日本家族史論集 6　家族観の変遷』吉川弘文館，2002）
- 「専業主婦層の形成と変容」（原純輔編『日本の階層システム 1　近代化と社会階層』東京大学出版会，2002）

テキスト社会調査

| 2005年4月20日 | 第1刷発行 | 《検印省略》 |
| 2012年3月31日 | 第8刷発行 | |

編著者© 小　林　修　一
　　　　久保田　　　滋
　　　　西　野　理　子
　　　　西　澤　晃　彦

発行者　本　谷　高　哲
制　作　モリモト印刷
　　　　〒162-0813
　　　　東京都新宿区東五軒町3-19

発行所　梓　出　版　社
　　　　〒270-0034 千葉県松戸市新松戸7-65
　　　　電話・FAX 047(344)8118

乱丁・落丁本はお取り替えいたします。
ISBN 978-4-87262-219-5 C3036